VOLUME **QUATRO**

PAULO FURTADO DE OLIVEIRA FILHO
COORDENADOR

LEI DE RECUPERAÇÃO E FALÊNCIA

PONTOS RELEVANTES E CONTROVERSOS DA REFORMA PELA LEI 14.112/20

AUTORES
ALEXANDRE GERETO JUDICE DE MELLO FARO
ANTONIA VIVIANA SANTOS DE OLIVEIRA CAVALCANTE
ARMANDO LEMOS WALLACH
BÁRBARA TEIXEIRA
ELIAS MUBARAK JÚNIOR
FABIANA BRUNO SOLANO PEREIRA
JOSÉ NAZARENO RIBEIRO NETO
KLEBER ZANCHIM
LUÍTA MARIA OURÉM SABÓIA VIEIRA
PAULO ROBERTO BASTOS PEDRO
THOMAS BENES FELSBERG
VALDOR FACCIO

EDITORA FOCO

2022 © Editora Foco
Coordenador: Paulo Furtado de Oliveira Filho
Autores: Alexandre Gereto Judice de Mello Faro, Antonia Viviana Santos de Oliveira Cavalcante, Armando Lemos Wallach, Bárbara Teixeira, Elias Mubarak Júnior, Fabiana Bruno Solano Pereira, José Nazareno Ribeiro Neto, Kleber Zanchim, Luíta Maria Ourém Sabóia Vieira, Paulo Roberto Bastos Pedro, Thomas Benes Felsberg e Valdor Faccio
Diretor Acadêmico: Leonardo Pereira
Editor: Roberta Densa
Assistente Editorial: Paula Morishita
Revisora Sênior: Georgia Renata Dias
Revisora: Simone Dias
Capa Criação: Leonardo Hermano
Imagem de capa: Paulo Oliveira Matos Júnior
Diagramação: Ladislau Lima e Aparecida Lima
Impressão miolo e capa: FORMA CERTA

Dados Internacionais de Catalogação na Publicação (CIP) de acordo com ISBD

L525 Lei de recuperação e falência: pontos relevantes e controversos da reforma pela Lei 14.112/2020 – vol. 04 / Alexandre Gereto Judice de Mello Faro ... [et al.] ; coordenado por Paulo Furtado de Oliveira Filho. - Indaiatuba, SP : Editora Foco, 2022.
128 p. ; 17cm x 24cm.

Inclui bibliografia e índice.

ISBN: 978-65-5515-420-7

1. Direito. 2. Direito empresarial. 3. Lei de recuperação e falência. I. Faro, Alexandre Gereto Judice de Mello. II. Oliveira, Antonia Viviana Santos de. III. Wallach, Cavalcante. IV. Armando Lemos. V. Teixeira, Bárbara. VI. Mubarak Júnior, Elias. VII. Pereira, Fabiana Bruno Solano. VIII. Ribeiro Neto, José Nazareno. IX. Zanchim, Kleber. X. Vieira, Luíta Maria Ourém Sabóia. XI. Pedro, Paulo Roberto Bastos. XII. Felsberg, Thomas Benes. XIII. Faccio, Valdor. XIV. Oliveira Filho, Paulo Furtado de. XV. Título.

2021-4422 CDD 346.07 CDU 347.7

Elaborado por Vagner Rodolfo da Silva - CRB-8/9410

Índices para Catálogo Sistemático:

1. Direito empresarial 346.07
2. Direito empresarial 347.7

NOTAS DA EDITORA:

Atualizações e erratas: A presente obra é vendida como está, atualizada até a data do seu fechamento, informação que consta na página II do livro. Havendo a publicação de legislação de suma relevância, a editora, de forma discricionária, se empenhará em disponibilizar atualização futura.

Erratas: A Editora se compromete a disponibilizar no site www.editorafoco.com.br, na seção Atualizações, eventuais erratas por razões de erros técnicos ou de conteúdo. Solicitamos, outrossim, que o leitor faça a gentileza de colaborar com a perfeição da obra, comunicando eventual erro encontrado por meio de mensagem para contato@editorafoco.com.br. O acesso será disponibilizado durante a vigência da edição da obra.

Impresso no Brasil (11.2021) – Data de Fechamento (11.2021)

2022

Avenida Itororó, 348 – Sala 05 – Cidade Nova
CEP 13334-050 – Indaiatuba – SP
E-mail: contato@editorafoco.com.br
www.editorafoco.com.br

APRESENTAÇÃO

Neste quarto livro, profissionais da área de insolvência apresentam suas análises acerca de pontos importantes da reforma da Lei 14.112/2020 na recuperação judicial e na falência, além de brindarem o leitor com um estudo do tratamento do superendividamento da pessoa física e da crise econômico-financeira dos clubes de futebol.

Elias Mubarak Júnior destaca que a mediação possui importante papel para que os atores envolvidos em situações de crise empresarial se aproximem e possam solucionar de forma mais eficiente os problemas que surgem no processo de recuperação.

Luíta Maria Ourém Sabóia Vieira e Alexandre Gereto Judice de Mello Faro analisam o art. 66-A, da LFRE, inovação que pode gerar mais liquidez ao processo de insolvência e agregar segurança jurídica ao investidor, passo importantíssimo para a evolução do microssistema brasileiro de insolvência.

Bárbara Teixeira e Kleber Zanchim apresentam as interfaces entre a consolidação substancial e o *project finance*, apontando que, na essência, as duas figuras não deveriam dialogar, quando se pensa no *project finance* puro. Porém, o *project finance* "à brasileira" pode criar situações passíveis de consolidar a SPE em processo de recuperação judicial de seus acionistas ou vice-versa.

Fabiana Bruno Solano Pereira e Thomas Benes Felsberg analisam as soluções legais para o endividamento da pessoa física e concluem que este tema deve ser tratado por meio da interpretação conjugada da insolvência civil, da nova Lei do Superendividamento e da Lei de Recuperações e Falências, de forma a permitir uma reestruturação definitiva do endividamento da pessoa física que seja condizente com sua real situação financeira.

Paulo Roberto Bastos Pedro analisa as alterações promovidas pela Lei 14.193/2021, importante avanço da legislação a respeito da possibilidade de entidades esportivas vinculadas ao futebol terem a sua disposição instrumentos que poderão ser utilizados na superação de um estado de crise, bem como no aprimoramento de suas atividades.

José Nazareno Ribeiro Neto e Valdor Faccio analisam as alterações introduzidas pela Lei 14.112/2020 no procedimento e verificação de crédito, com o objetivo de dinamizar o rateio nos processos de falência, viabilizando o pagamento em favor dos credores, de forma segura e célere.

Armando Lemos Wallach, na mesma linha, analisa situação comum em processos de falência, em que algumas classes não irão receber seus créditos, sustentando que as impugnações e até processos ordinários relativos a essas classes devem ser suspensos, permitindo o trabalho otimizado e dedicado ao andamento do pagamento de quem deve receber.

Antonia Viviana Santos de Oliveira Cavalcante considera a Lei 14.112/2020 como um marco importante na insolvência brasileira, analisando os dispositivos que tratam da extinção das obrigações do falido e que permitirão a sua reabilitação mais rápida para o desenvolvimento das atividades empresariais.

Boa leitura!

Paulo Furtado de Oliveira Filho

Coordenador da obra

SUMÁRIO

SUMÁRIO

NEGOCIAÇÃO NO CONTEXTO DA CRISE

Elias Mubarak Júnior

Especialista em Direito Empresarial pela UNESP. Advogado e Mediador Judicial inscrito no TJSP. Sócio da Mubarak Advogados Associados.

1. INTRODUÇÃO

Este artigo tem como objetivo a indicação de que a negociação, especialmente utilizando-se da ferramenta da mediação, possui importante papel para que os atores envolvidos em situações de crise empresarial se aproximem e possam, utilizando-se de suas próprias ideias, solucionar diversos problemas sem que tenham de necessariamente levar as questões ao Poder Judiciário.

A solução de conflitos através de meios não jurisdicionais deve ser incentivada, uma vez que as próprias partes envolvidas no litígio construíram em conjunto, e com o auxílio de um mediador, a solução para a discussão.

No decorrer deste artigo, versaremos o instituto da Mediação sob o ponto de vista prático da Insolvência Empresarial, mediante a explanação e o desenvolvimento de casos concretos, ressaltando os aspectos mais importantes de cada contexto, além de trazer à baila suas premissas necessárias, bem como suas limitações.

2. MEDIAÇÃO SOB O PANORAMA PRÁTICO DE PROCESSOS DE INSOLVÊNCIA EMPRESARIAL

Inicialmente, cumpre mencionar que, em 2019, o Conselho Nacional de Justiça (CNJ) emitiu a Recomendação 58, que estimula os magistrados responsáveis pelo processamento e julgamento dos processos de recuperação e falência empresarias a promoverem a mediação, sempre que possível, de forma a auxiliarem a resolução de conflitos empreendidos pelas partes que compõem a lide.

Recentemente, em 2020, a Lei de Recuperações e Falência (Lei 11.101/2005) sofreu alterações significativas implementadas pela Lei 14.112/2020, inclusive no que se refere às premissas acima apontadas.

Sob a perspectiva dos processos de insolvência empresarial e, em termos práticos, passemos à exposição de pertinentes considerações acerca da finalidade, bem como da serventia da mediação, neste sentido.

3. NEGOCIAÇÃO ANTECEDENTE

Considerando as alterações trazidas pela Lei 14.112/2020, ressaltamos a implementação da denominada "Negociação Antecedente", introduzida à Seção II-A da Lei de Recuperações e Falência (Lei 11.101/2005).

Visando, sobretudo, à atenuação da chamada "Cultura da Sentença" no Brasil, o legislador, logo no artigo 20-A da LREF, fez constar expressamente que

> "a conciliação e a mediação deverão ser incentivadas em qualquer grau de jurisdição, inclusive no âmbito de recursos em segundo grau de jurisdição e nos Tribunais Superiores, e não implicarão a suspensão dos prazos previstos nesta Lei, salvo se houver consenso entre as partes em sentido contrário ou determinação judicial."

Ato contínuo, no artigo 20-B, contemplou a possibilidade de realização de conciliações e mediações antecedentes ou incidentais aos processos de recuperação judicial, merecendo destaque o quanto disposto no inciso IV:

> "IV – na hipótese de negociação de dívidas e respectivas formas de pagamento entre a empresa em dificuldade e seus credores, em caráter antecedente aos ajuizamento de pedido de recuperação judicial."

Ademais, a fim de viabilizar que referidas negociações antecedentes alcancem máxima eficácia, o legislador disciplinou uma espécie de *Stay Period* (período de suspensão de execuções) em face das empresas em dificuldades financeiras que optarem pela realização da negociação antecedente (e alternativa) ao pedido de recuperação judicial.

O § 1º, do artigo 20-B, dispõe:

> § 1º Na hipótese prevista no inciso IV do caput deste artigo, será facultado às empresas em dificuldade que preencham os requisitos legais para requerer recuperação judicial obter tutela de urgência cautelar, nos termos do art. 305 e seguintes da Lei 13.105, de 16 de março de 2015 (Código de Processo Civil), a fim de que sejam suspensas as execuções contra elas propostas pelo prazo de até 60 (sessenta) dias, para tentativa de composição com seus credores, em procedimento de mediação ou conciliação já instaurado perante o Centro Judiciário de Solução de Conflitos e Cidadania (Cejusc) do tribunal competente ou da câmara especializada, observados, no que couber, os arts. 16 e 17 da Lei 13.140, de 26 de junho de 2015.

A modificação implementada pelo § 1º do artigo 20-B merece aplausos, porquanto propicia às empresas que enfrentam dificuldades financeiras a oportunidade de negociarem com seus credores, valendo-se da mediação ou conciliação, sem que, necessariamente, precisem fazer o uso do instituto da recuperação judicial, o que gera enorme *economicidade* de tempo e recursos financeiros às endividadas, ao passo que estas ficam livres de execuções individuais, movidas pelos mesmos credores negociantes, pelo período de 60 (sessenta) dias.

No tocante ao período de suspensão, embora a lei mencione que este dá-se por *até* 60 (sessenta) dias, fato é que o mesmo é exíguo e, certamente, não será o suficiente para que as empresas em crise econômico-financeira negociem com a totalidade de seus credores.

Ao que parece, a jurisprudência terá de debruçar-se acerca da referida limitação temporal, assim como o fez com a possibilidade de prorrogação do *stay period* em processos de recuperação judicial anteriores às modificações implementadas pela Lei 14.112/2020.

Neste aspecto, a fim de propiciar melhor compreensão acerca do impasse estabelecido em torno do referido prazo de suspensão presumido pela Negociação Antecedente, passemos à apreciação de casos práticos recentemente verificados em nosso ordenamento jurídico.

3.1 Negociação Antecedente no Processo 1053832-87.2021.8.26.0100[1]

A empresa JRA Empreendimentos E Engenharia Ltda. interpôs Ação com Pedido de Tutela Cautelar em Caráter Antecedente Preparatória de Pedido de Recuperação Judicial, a fim de antecipar os efeitos do deferimento do pedido da recuperação, ou mesmo renunciá-lo, na hipótese de lograr êxito nas negociações estipuladas junto aos seus credores.

Em breve síntese, a empresa requerente declarou-se especializada na construção de empreendimentos imobiliários de pequeno porte, tendo como clientes empresas públicas e particulares.

Aduziu, em suas razões iniciais, que, embora disponha de expectativas positivas, a longo prazo, de crescimento e restauração econômica, o perfil do endividamento de curto prazo e o risco de constrições patrimoniais, principalmente de ativos financeiros, certamente inviabilizariam a execução de suas atividades e, consequentemente, o cumprimento de contratos firmados.

Além disso, ressaltou em seu pedido que possui o total de 32 (trinta e dois) funcionários e 15 (quinze) prestadores de serviço que dependem economicamente e garantem o sustento de suas famílias através da relação contratual firmada com a empresa JRA.

Portanto, visando à renegociação de seus débitos, que perfaziam (à época do ajuizamento) o montante aproximado de R$ 18.000.000,00 (dezoito milhões de reais) com o auxílio do Poder Judiciário, bem como a minimização ou a desnecessidade da distribuição de pedido de Recuperação Judicial, a empresa interpôs pedido cautelar, invocando, para tanto, o art. 20-B, § 1º, da LREF, comunicando que procederá com pedido de recuperação judicial em 90 (noventa) dias úteis após a concessão da tutela, mediante a instauração de procedimentos cíveis e trabalhistas para mediação.

1. SÃO PAULO. Tribunal de Justiça. Tutela Cautelar Antecedente – Recuperação Judicial e Falência 1053832-87.2021.8.26.0100. JRA Empreendimentos e Engenharia Ltda. 2ª Vara de Falências e Recuperações Judiciais. MM. Juiz de Direito Dr. Marcelo Barbosa Sacramone. São Paulo, 02 de junho de 2021, p. 124-125.

Em trâmite perante a Segunda Vara de Falências e Recuperações Judiciais, o MM. Juiz de Direito, Dr. Marcelo Barbosa Sacramone, concedeu a tutela provisória para fins de instauração de negociação prévia e, expressamente, consignou:

> "(...). O art. 20-B, § 1°, da LREF, fixou o prazo *mínimo* da cautelar em 60 (sessenta) dias para viabilizar a negociação. (...) (g.n)".

Desta forma, verifica-se que, certamente, o dilema do prazo estipulado em lei será objeto de melhor análise pelo Poder Judiciário.

Para concluir, seguindo as diretrizes necessárias para a instalação de Mediação, a empresa JRA interpôs pedido de Instauração de Procedimento Pré-Processual de Mediação e Conciliação perante o Cejusc – Centro Judiciário de Solução de Conflitos e Cidadania, conforme se verifica junto aos autos 1055992-85.2021.8.26.0100, que foi recebido pelo Magistrado competente e remetido ao CEJUSC, bem como perante o Tribunal Regional do Trabalho da 2ª Região, constante nos autos 1002367-66.2021.5.02.0000, que tramitam em segredo de justiça.

Neste ínterim, embora não seja possível a consulta pública dos referidos procedimentos de Mediação, em razão do princípio da Confidencialidade que rege o instituto, segundo informações constantes nos autos da Ação Cautelar em comento, as sessões estão sendo realizadas, tendo, inclusive, suscitado resultados proveitosos em alguns casos.

Em suma, vale ressaltar que, em recente manifestação, de agosto de 2021, a empresa requereu a prorrogação do prazo do *stay period*, inicialmente concedido por 60 (sessenta dias), a fim de dar prossecução às negociações junto aos seus credores, aduzindo, conforme outrora mencionamos, que o prazo previsto no § 1°, do artigo 20-B, da LREF, não é o bastante para a cessação de todas as negociações.

O pedido ainda não foi apreciado pelo Magistrado, fato este que merece nossa especial atenção às próximas medidas a serem adotadas pelo Poder Judiciário que podem *adequar* o entendimento do legislador acerca do tema.

Noutro giro, passemos à análise de mais um aspecto importante implementado pela alteração da LREF igualmente trazido pela Negociação Antecedente, evidenciado pela necessidade da empresa demandante da negociação demonstrar já ter instaurado procedimento de mediação ou conciliação perante *"o Centro Judiciário de Solução de Conflitos e Cidadania (Cejusc) do tribunal competente ou da câmara especializada"*.

Deste enfoque, pode-se inferir a possibilidade de o procedimento ser empreendido tanto perante o Cejusc vinculado ao tribunal competente para analisar o pedido, quanto à câmara privada especializada.

A introdução é salutar, uma vez que possibilita, ao interessado, a instauração do procedimento de mediação perante câmaras privadas especializadas em insolvência empresarial, o que decerto promoverá vantagens, não somente aos interessados, que contarão com atendimento especializado e auxílio de profissionais habilitados e dedicados à matéria de insolvência empresarial, como também aos próprios centros judiciários, que ficarão menos sobrecarregados.

Isto posto, valendo-se da mesma metodologia empregue às elucidações empreendidas no tópico anterior e visando satisfatório entendimento acerca do tema, faremos a análise de caso prático recentemente verificado em nosso Poder Judiciário.

3.2 Caso Prático. Processos 1000438-73.2021.8.26.0260 e 1000480-25.2021.8.26.0260[2]

Em outro precedente, a empresa Pombo Indústria Comércio E Exportação Ltda. distribuiu inicialmente o pedido de Tutela Cautelar em Caráter Antecedente (preparatória ao pedido de Recuperação Judicial), oportunidade em que pleiteou, nesta oportunidade, a antecipação dos efeitos do *stay period*, além da suspensão de quaisquer atos de constrição em seu desfavor.

O processo foi distribuído junto à Segunda Vara Regional de Competência Empresarial e de Conflitos Relacionados à Arbitragem da 1ª Região Administrativa Judiciária que, em um primeiro momento, entendeu por bem em indeferir o pedido formulado, sob o fundamento de que não teriam sido juntados os documentos obrigatórios listados no artigo 51 da Lei 11.101/2005, além de não vislumbrar perigo de dano no caso.

Ato contínuo, a empresa manejou o Agravo de Instrumento 2108873-31.2021.8.26.0000, cujo relator sorteado foi o Desembargador J.B. Franco de Godoi.

Ao apreciar a tutela de urgência formulada no recurso, o Desembargador Relator entendeu por bem em deferir parcialmente a tutela de urgência para antecipar os efeitos do processamento da recuperação judicial, nos termos do artigo 6º, § 12, da Lei 11.101/2005, condicionando, no entanto, à demonstração inequívoca da propositura da ação principal no prazo de 30 (trinta) dias.

Dentro do prazo estipulado pelo Ilmo. Desembargador Relator, a empresa apresentou o pedido de Mediação Antecedente ao Processo de Recuperação Judicial, fundamentado pelo Art. 20-B, IV da Lei 11.101/2005, a fim de ver instaurado procedimento de Mediação Pré-Processual, almejando a negociação e possível composição com seus credores, através do instituto da mediação.

O processo recebeu o número 1000480-25.2021.8.26.0260, também em trâmite perante à Segunda Vara Regional de Competência Empresarial e de Conflitos Relacionados à Arbitragem da 1ª Região Administrativa Judiciária.

Em suas razões, a empresa atribuiu a origem de seu colapso financeiro, sobretudo, à forte crise econômica e sanitária ocasionada pela pandemia de Covid-19, além de outros fatores internos que foram agravados pela paralisação do comércio, das escolas, bem como pela onda de desempregos em massa que reduziu, e muito, o poder de compra dos brasileiros, situações estas que dificultaram, ainda mais, que a sociedade cumprisse os seus compromissos e dívidas, que cresceram após a realização de diversos empréstimos em bancos destinados ao pagamento de seus débitos.

2. SÃO PAULO. Tribunal de Justiça. Recuperação Judicial – Concurso de Credores 1000480-25.2021.8.26.0260. Pombo Indústria Comércio e Exportação Ltda. 2ª Vara Regional de Competência Empresarial e de Conflitos Relacionados à Arbitragem da 1ª RAJ. MM. Juíza de Direito Dra. Andréa Galhardo Palma. São Paulo, 20 de maio de 2021, p. 39-40.

A Exma. Juíza de Direito, Dra. Andrea Galhardo Palma, ao receber o pedido formulado, convocou as partes para mediação judicial prévia com profissional devidamente habilitado junto ao Tribunal de Justiça do Estado de São Paulo, dispensando, no entanto, a instauração do procedimento perante o CEJUSC ou Câmara Especializada.

Em brilhante decisão, a Magistrada, considerando os diversos casos exitosos de procedimento de mediação já instaurados perante as varas especializadas dos estados de São Paulo e Rio de Janeiro, convocou as partes à mediação judicial, como forma de tornar eficiente o procedimento da recuperação através da negociação entre a sociedade e seus credores, com o intermédio de mediador qualificado na área recuperacional, visando, sobretudo, os princípios da preservação e função social da empresa e "par conditio creditorum", atentando-se à disposição expressa do artigo 20-B da Lei 11.101/2005, implementado pela Lei 14.112/2020, e a Lei 13.140/2015, bem como ao artigo 2º da Recomendação 58 do CNJ, que prevê, dentre suas hipóteses, o cabimento da mediação a fim de auxiliar a negociação de plano de recuperação judicial, aumentando suas chances de aprovação em Assembleia Geral de Credores.

Finalmente, o procedimento de Mediação Judicial foi devidamente instaurado pela MM. Juíza, que procedeu, inclusive, com a convocação de profissional qualificado para atuar como Mediador entre a empresa e seus credores, tendo sido designada a audiência de mediação.

Não obstante a prematuridade do tema, inovado pela Lei 14.112/2020, relativamente ao instituto da mediação, não pairam dúvidas de que os métodos adequados de solução de conflitos, e em especial a conciliação e a mediação, serão extremamente eficazes para o atingimento do objetivo maior da recuperação judicial, que é a manutenção da empresa e da sua função social, ainda mais imprescindíveis ao considerarmos as inúmeras disputas decorrentes da crise instaurada pela pandemia de Covid-19.

4. PROCEDIMENTO DE MEDIAÇÃO CONCOMITANTE AO PROCESSO DE INSOLVÊNCIA DISTRIBUÍDO

Por outro lado, o instituto da mediação no contexto de insolvência empresarial pode ser operado durante o próprio processamento da recuperação judicial ou falência.

Neste contexto, é autorizado às partes interessadas (empresa requerente, credores e/ou administrador judicial) que solicitem a instauração do procedimento de mediação, oportunidade em que podem, de antemão, indicarem, consentaneamente, profissional ou câmara que atuará como mediador, ou o próprio juízo, de ofício, poderá convidar as partes a participarem do procedimento.

No entanto, sempre será atribuído ao mediador o dever de convocar as partes para sessão de pré-mediação, em que procederá com a explicação aos envolvidos os princípios que regem o procedimento de mediação, na mesma oportunidade em que, ao final, colherá o aceite de cada presente quanto à instauração e participação do processo.

Neste ponto, é importante relembrarmos alguns dos princípios básicos que devem conduzir as Mediações: (i) comunicação respeitosa na busca pelo consenso; (ii) informalidade; (iii) oralidade; (iv) boa-fé objetiva e subjetiva; (v) confidencialidade; (vi) respeito à autonomia das partes; (vii) decisão informada; (viii) isonomia entre as partes; (ix) independência e imparcialidade do mediador; (x) autonomia de vontade das partes; (xi) respeito à ordem pública e às leis vigentes.

Dentre os princípios mencionados, passemos à análise e comentários acerca daqueles que entendemos relevantes, quando da aplicação aos processos de insolvência.

4.1 Da compatibilização do princípio da confidencialidade e o processo de insolvência

O princípio da confidencialidade destina-se à otimização da participação das partes no procedimento de mediação, introduzindo um ambiente de segurança e proteção, oportunizando às partes plena confiança em fornecerem dados e posições, abandonando o receio de que tais informações sejam, futuramente, utilizadas em seu desfavor em processos judiciais.

A confidencialidade é preservada, via de regra, no decorrer de todo o procedimento de mediação, sendo oportunizado aos devedores e credores, neste ambiente, o espontâneo diálogo em busca da melhor resolução para o imbróglio em questão.

Tal princípio em nada conflita com a publicidade inerente aos processos de insolvência empresarial, seja a recuperação judicial, extrajudicial ou falência, uma vez que, qualquer acordo a que as partes chegarem no curso da mediação será evidentemente levado a juízo para homologação.

Por fim, ressalta-se que a confidencialidade recai somente sobre as negociações ocorridas durante as sessões de mediação, não sobre os seus resultados.

4.2 Respeito à autonomia de vontade das partes

A Autonomia da Vontade é um dos princípios primordiais do Instituto da Mediação, principalmente no que se refere à sua instauração.

Mesmo nos casos em que há nomeação *ex officio* de mediador para atuar em processo de recuperação ou falência, as partes devem ser livres para decidir acerca da instauração do procedimento, mesmo porque não há que se falar em solução consensual de conflito sem a autonomia de vontade das partes envolvidas.

Rememore-se que o Código de Processo Civil, no § 4º do artigo 166, inclusive dispõe que, "a mediação e a conciliação serão regidas conforme a livre autonomia dos interessados, inclusive no que diz respeito à definição das regras procedimentais".

Vê-se, portanto, que o referido princípio integra o rol dos elementos basilares impostos pelo instituto da mediação, senão o mais importante, uma vez que a autonomia de vontade das partes é a base do procedimento consensual, devendo-se respeitar o direito das partes, desde que observados os limites estabelecidos pelas normas de ordem pública.

4.3 Respeito à ordem pública e às leis vigentes

Em que pese a mediação seja regida pelo princípio da confidencialidade, é patente que, na hipótese de verificar-se, no decorrer das sessões de mediação, que as partes atuam com o objetivo de ferir a ordem pública ou leis vigentes, caberá ao mediador encerrar o procedimento de mediação e noticiar o fato ao juízo competente.

Em verdade, a mediação destina-se à convenção entre as partes, que devem buscar a melhor solução para a resolução de seus impasses, não podendo esta servir-se de escudo para as partes desatenderem as leis vigentes e de observância obrigatória. É dever das partes o respeito à ordem pública.

À vista disso, o § 2º do artigo 20-B da LREF, prevê expressa vedação à utilização de mediação e conciliação sobre a natureza jurídica e a classificação dos créditos, bem como sobre critérios de votação em assembleia geral de credores.

Tratando-se de normas de ordem pública, é terminantemente vedado às partes estipulações diversas do estabelecido em lei.

5. PRINCIPAIS OBJETIVOS DA MEDIAÇÃO NOS PROCESSOS DE RECUPERAÇÃO JUDICIAL

Com a indicação e nomeação de mediador para atuar nos processos de Recuperação Judicial, deduzimos que há a incidência de cinco principais matérias e objetivos a serem abordados e alcançados com a utilização da ferramenta.

Consideramos como propósitos básicos e fundamentais do instituto da mediação: (i) conversão da recuperação judicial em extrajudicial; (ii) discussão e resolução a respeito dos valores constantes na relação de credores; (iii) alinhamento de interesses; (iv) negociação com credores extraconcursais; (v) negociação com a administração pública, mais especificamente com relação aos débitos tributários.

5.1 Conversão da recuperação judicial em extrajudicial

É cediço que os processos de recuperação judicial, em razão de suas peculiaridades, acabam acarretando altos custos a serem despendidos pelas empresas em crise, sobretudo, destinados à contratação de profissionais especializados, bem como ao próprio processo recuperacional.

Por conseguinte, a possibilidade de conversão para uma recuperação extrajudicial, em que o próprio devedor, através da mediação, formaliza acordos com seus credores que lhe autorizariam a distribuição de pedido de recuperação extrajudicial, propiciará economia à empresa, que já conta com imensa limitação em seu fluxo caixa.

Desta forma, através da técnica do negócio jurídico processual (artigo 190 do Código de Processo Civil), bastaria à empresa em recuperação apresentar ao juízo o seu "Plano de Recuperação Extrajudicial" devidamente aprovado por seus credores e, assim, solicitar a sua homologação.

Nesta hipótese, os benefícios são experimentados por todos os envolvidos no processo, uma vez que se chegará à eficaz solução de maneira muito mais célere, em que credores passam a receber seus créditos em tempo infinitamente menor se comparado ao trâmite regular de um processo de recuperação judicial.

O devedor, por sua vez, em caso de descumprimento do Plano homologado, não terá a sua falência decretada, diferentemente do que ocorre quando há descumprimento do Plano de Recuperação Judicial.

Outrossim, não é demais lembrar que a empresa em recuperação judicial enfrenta enormes dificuldades em obter novas linhas de créditos junto a instituições financeiras, uma vez que a sua classificação perante essas instituições, em razão de regras instituídas pelo Banco Central, é a pior possível.

Por outro lado, caso tenha homologado Plano de Recuperação Extrajudicial, a empresa terá maior facilidade em obter novas linhas de crédito com taxas de juros mais baixas.

Portanto, é evidente que a mediação pode, bem como deveria ser utilizada com a finalidade de transformar aquela recuperação judicial em extrajudicial.

5.2 Discussão e resolução a respeito de valores de crédito na relação de credores

Partindo desta premissa, é possível descarregar o Poder Judiciário da análise de inúmeros incidentes processuais que versam o valor do crédito de credores.

Tais incidentes, por vezes, levam anos para serem definitivamente julgados, o que acaba por lesar tanto devedores quanto credores.

Desta forma, a aplicação da mediação, a fim de restringir tais conflitos, sem a necessidade de abarrotar, ainda mais, a máquina judiciária, é medida de extrema eficácia à garantia aos princípios da razoável duração e efetividade do processo recuperacional.

5.3 Alinhamento de interesses para viabilizar a Assembleia Geral de Credores

Conforme já mencionado neste trabalho, a mediação é uma ferramenta importante para realizar a reaproximação das partes, sendo que a formalização de eventual acordo é mera consequência.

Desta forma, mesmo que não seja possível a formalização de nenhum tipo de acordo, as partes terão se reaproximado e a empresa devedora terá condições de formalizar Plano de Recuperação Judicial a ser apresentado em Assembleia Geral, muito mais próximo da realidade e da expectativa dos credores.

Assim, as sessões de mediação terão contribuído para tornar o ato da Assembleia Geral de Credores "aprazível", dotado de possibilidades reais de aprovação do Plano pelos credores.

Ademais, faz-se importante ressaltar a alteração legislativa que introduziu, na LREF, o denominado Termo de Adesão (artigos 39, § 4º, I e 56-A).

Por meio do referido termo, torna-se possível a dispensa da realização de Assembleia Geral de Credores para a votação do Plano de Recuperação Judicial.

Desta forma, concluímos que, através das sessões de mediação, o devedor poderá ajustar o Plano de Recuperação Judicial aos anseios de seus credores e, consequentemente, dispensar a realização da Assembleia Geral de Credores com a apresentação de termo de adesão assinado pelas partes interessadas.

Evidentemente, para que seja possível a aprovação do Plano mediante apresentação do Termo de Adesão, é indispensável a presença do *quórum* de aprovação definido pelo artigo 45 da LREF.

5.4 Caso prático. Recuperação Judicial 1003312-55.2020.8.26.0619[3]. Mediação como facilitadora da Assembleia Geral de Credores

Nos autos da Recuperação Judicial distribuída por Rede Recapex Pneus Ltda., após o processo ter se desenvolvido regularmente, nas proximidades da realização da Assembleia Geral de Credores, a empresa recuperanda solicitou que fosse designada mediação para tratar com um de seus principais credores.

Em razão da não oposição de quaisquer outros credores e com a concordância do Administrador Judicial do caso, o juízo acolheu o pedido e nomeou para atuar como mediador o profissional que havia sido indicado por seu auxiliar.

Realizaram-se sessões de mediação com a participação das partes (recuperanda e credor), oportunidade em que, em razão da vultuosidade e complexidade das negociações, as partes, em razão da mediação, acabaram pactuando pela suspensão da Assembleia de Credores que se avizinhava.

O tema, evidentemente, teria de ser levado para votação na Assembleia e, por tal motivo, as partes concordaram que o próprio mediador profissional, quando da realização da Assembleia, expusesse o ocorrido para os demais credores e, assim, sugerisse que fosse colocada em votação a suspensão da Assembleia, o que de fato ocorreu.

A Assembleia de Credores foi suspensa pelo voto favorável de nada menos que 100% (cem por cento) dos presentes.

Tal episódio nos mostra que a mediação possui papel importantíssimo no desenrolar do processo de recuperação judicial, inclusive para contribuir que o ato da Assembleia se torne mais fluido e com melhores chances de êxito.

No caso em comento, com a Assembleia suspensa, serão retomadas as negociações entre a recuperanda e seu principal credor, o que certamente auxiliará numa futura aprovação de Plano de Recuperação Judicial.

6. CONCLUSÕES

À face do exposto, infere-se que a Mediação reflete um considerável avanço ao ordenamento jurídico brasileiro que, há muito, dedica-se ao combate à *Cultura da Sentença*, representada especialmente pela morosidade na prestação jurisdicional, aliada à cultura litigiosa enraizada em nossa sociedade, através da busca de métodos alternativos extrajudiciais de resolução de conflitos, a fim de ver estabelecida a *Cultura da Pacificação*, visando, sobretudo, a preservação dos princípios da efetividade, celeridade, equidade e

3. SÃO PAULO. Tribunal de Justiça. Recuperação Judicial – Concurso de Credores 1003312-55.2020.8.26.0619. Rede Recapex Pneus Ltda. 1ª Vara da Comarca de Taquaritinga-SP. Juiz de Direito Dr. Leopoldo Vilela de Andrade da Silva Costa. São Paulo.

economia processual, que acompanham o direito constitucional, atribuído à sociedade, de acesso à justiça.

Desta forma, sob a ótica da mediação empresarial, esta surge como uma forma de solução de controvérsias, especialmente em processos de insolvência empresarial, principalmente após as modificações legislativas trazidas pela Lei 14.112/20.

A Mediação, aplicada aos processos de insolvência, simboliza um grande avanço, uma vez que trata-se de ferramenta apta a ensejar os melhores procedimentos para a resolução de conflitos e disputas, através do estabelecimento de vínculos e interesses em comum entre a empresa endividada e seus credores, além de trazer inúmeros benefícios aos envolvidos direta e indiretamente às demandas, senão vejamos classificação pautada pelo Mediador Diego Faleck[4] acerca dos benefícios da mediação nos processos de insolvência:

> "[...] drástica redução de custos; solução rápida das disputas, com economia de tempo; redução dos custos diretos e indiretos de resolução de conflitos; gasto reduzido de executivos e gerentes internos da Empresa; redução do desgaste de relacionamentos importantes para a Empresa; minimização de incertezas quanto aos resultados; e, mesmo quando a Mediação não gera um acordo imediatamente, sua utilização propícia vantagens para as partes, como: a melhor compreensão da disputa e o estreitamento de pontos que posteriormente serão submetidos à Arbitragem ou ao Poder Judiciário."

Neste sentido, conclui-se que a mediação abre inúmeros caminhos para a resolução célere e satisfatória de conflitos.

Portanto, tratando-se a recuperação judicial (ou extrajudicial) de um grande acordo coletivo, a mediação mostra-se perfeitamente capaz de facilitar e auxiliar o melhor desenvolvimento processual, tornando o processo mais célere e menos custosa ao já oneroso processo de recuperação judicial, além de acarretar certo abrandamento de demandas ajuizadas perante o Poder Judiciário.

7. REFERÊNCIAS

BEZERRA FILHO, Manoel Justino. *Lei de Recuperação de Empresas e Falência*: Lei 11.101;2005 7. ed. rev. atual. e ampl. São Paulo: Ed. RT, 2011.

BUENO, Cassio Scarpinella. *Curso Sistematizado de direito processual civil*. 11. ed. São Paulo: Saraiva, 2021. v. 1: teoria geral do direito processual civil – parte geral do Código de Processo Civil.

COELHO, Fábio Ulhoa. *Comentários à Lei de Falências e Recuperação de Empresas*. 14. ed. rev. atual. e ampl. São Paulo: Thomson Reuters, 2021.

COSTA, Daniel Carnio; Alexandre Nasser de Melo. *Comentários à Lei de recuperação de empresas e falência*: Lei 11.101, de 09 de fevereiro de 2005. Curitiba: Juruá, 2021.

Revista de Arbitragem e Mediação da RT ((RArb, ano 11, v. 42, p. 263-278, jul.-set. 2014) o artigo Mediação empresarial: Introdução e aspectos práticos, p. 265.

SACRAMONE, Marcelo Barbosa. *Comentários à Lei de recuperação de empresas e falência*. 2. ed. São Paulo: Saraiva, 2021.

4. *Revista de Arbitragem e Mediação da RT* (RArb, ano 11, v. 42, p. 263-278, jul-set. 2014) o artigo Mediação empresarial: Introdução e aspectos práticos, p. 265.

WATANABE, Kazuo. Cultura da Sentença e cultura da pacificação. *Estudos em Homenagem à Professora Ada Pelegrini Grinover*. DPJ Ed., 2005.

Decisões Judiciais

SÃO PAULO. Tribunal de Justiça. Recuperação Judicial – Concurso de Credores 1000480-25.2021.8.26.0260. Pombo Indústria Comércio e Exportação Ltda. 2ª Vara Regional De Competência Empresarial e de Conflitos Relacionados à Arbitragem da 1ª RAJ. MM. Juíza de Direito Dra. Andréa Galhardo Palma. São Paulo, 20 de maio de 2021.

SÃO PAULO. Tribunal de Justiça. Tutela Cautelar Antecedente – Recuperação Judicial e Falência 1053832-87.2021.8.26.0100. JRA Empreendimentos e Engenharia Ltda. 2ª Vara de Falências e Recuperações Judiciais. MM. Juiz de Direito Dr. Marcelo Barbosa Sacramone. São Paulo, 02 de junho de 2021.

SÃO PAULO. Tribunal de Justiça. Recuperação Judicial – Concurso de Credores 1003312-55.2020.8.26.0619. Rede Recapex Pneus Ltda. 1ª Vara da Comarca de Taquaritinga-SP. Juiz de Direito Dr. Leopoldo Vilela de Andrade da Silva Costa. São Paulo.

CONSIDERAÇÕES ACERCA DO ART. 66-A DA LEI 11.101/2005

Alexandre Gereto Judice de Mello Faro

Mestre em Direito Civil pela Pontifícia Universidade Católica de São Paulo (PUC/SP). LLM – *Master of Laws* em Direito Contratual pelo Instituto de Ensino e Pesquisa (INSPER). Bacharel em Direito pela Faculdade de Direito da Pontifícia Universidade Católica de São Paulo (PUC/SP). Sócio da área de insolvência de FASV Advogados.

Luíta Maria Ourém Sabóia Vieira

Especialista em Direito Processual Civil pela Fundação Getúlio Vargas (FGV/SP). Pós-graduada em Direito Processual Civil pela Pontifícia Universidade Católica (PUC/COGEAE). Bacharel em Direito pela Universidade Presbiteriana Mackenzie. Coordenadora da área de insolvência da FASV Advogados.

1. INTRODUÇÃO

Após os primeiros 15 (quinze) anos da Lei 11.101/2005 ("LFRE"), diversos institutos foram colocados à prova e, sob o ponto de investimento, tivemos um período de evolução e aprendizado no tocante à nossa realidade tupiniquim[1]. Viu-se, sem dúvidas, a necessidade de expansão da segurança jurídica estabelecida art. 60 e 66, no texto original da LFRE, a fim de que o processo de aquisição de ativos e outorga de financiamentos – as prováveis maiores alavancas do processo de reestruturação de empresas – possam ocorrer de maneira juridicamente mais estáveis.

Foi nesse contexto que sobreveio, após muita discussão, o art. 66-A, da LFRE (com as alterações da Lei 14.112/2020) que estabeleceu o seguinte: "A alienação de bens ou

1. Nesse ambiente, vale destacar (i) o "teste" do art. 60, da LFRE, na aquisição da UPI da Varig pela GOL (2007) e a necessidade de precificação, pelo investidor, dos custos para se defender na esfera trabalhista, ainda que a aquisição de unidade produtiva isolada seja sem sucessão; (ii) a impositiva soberania das decisões da assembleia chancelada no caso do Grupo Rede Energia pela Energisa S.A., inclusive, para fins de alienação do controle do grupo (2014); (iii) as polêmicas a respeito do DIP Financing e a importância de processo competitivo, como se bem viu na recuperação do Grupo OAS (2016); (iv) as estruturas de creditbid testadas e utilizadas no caso do Grupo Infinity (2007); e (v) catalisação dos mecanismos de recuperação, administração e realização de ativos como ocorreu nas falências do Banco Santos S.A. e Banco Cruzeiro do Sul S.A. (2015); e muitos outros. Mais recentemente, vimos os maiores casos da história do país com múltiplas posições. Os casos do Grupo Oi e do Grupo Odebrecht foram expoentes de complexidade e diversificação de operações, com a venda de UPIs, excussão de garantias outorgadas à investidores, DIP Financing, estruturas de conversão de dívida em capital, títulos mezanino etc.

a garantia outorgada pelo devedor a adquirente ou a financiador de boa-fé, desde que realizada mediante autorização judicial expressa ou prevista em plano de recuperação judicial ou extrajudicial aprovado, não poderá ser anulada ou tornada ineficaz após a consumação do negócio jurídico com o recebimento dos recursos correspondentes pelo devedor". Nesse ponto, aliás, convém lembrar o papel do Poder Judiciário e a importância dos princípios norteadores da legislação sobre recuperação de empresas em crise, sendo cogente que "a função dos institutos de Direito é dar juridicidade a operações econômicas, criando condições de certeza e segurança e, com isso, levando à redução dos custos de transação"[2].

A partir da exposição de motivos da Lei 14.112/2020[3], verifica-se, sem dúvidas, que a grande finalidade do dispositivo acima foi garantir segurança jurídica sob dois aspectos principais.

O primeiro, se refere à ausência de sucessão pelas dívidas do devedor aos investidores que pretendem realizar aquisição de ativos e/ou financiamento em processos de recuperação judicial (o que normalmente envolve a outorga de garantias de bens de propriedade do devedor). Ou seja, a ideia do legislador foi justamente a de não restringir a ausência de sucessão apenas para aquisição de unidades produtivas isoladas ("UPIs"), o que era, no cenário mais atual, um conceito já considerado amplo no âmbito do microssistema da recuperação judicial (indicando, desde logo, a demanda de alteração legislativa)[4].

Em segundo, buscou-se evitar que, diante da reversibilidade das decisões judiciais, o investidor pudesse sofrer danos/prejuízos pela reversão da decisão judicial com base

---

2. SZTAJN, Rachel. Direito e Economia. *Revista de direito mercantil, industrial, econômico e financeiro* n. 144, p. 221-235. São Paulo: Malheiros, out.-dez. 2006.
3. Na exposição de motivos, oferecida em Parecer junto ao Plenário da Câmara dos Deputados, tem-se a preocupação com o investimento em sede de processos de insolvência, buscando "pacificar, em definitivo, o entendimento quanto à não sucessão (por parte do adquirente) de passivos e obrigações em alienações de filiais e de unidades produtivas isoladas (UPI) na recuperação judicial. As alienações relacionadas ao plano de recuperação não estão sujeitas à sucessão de passivos, porém as UPIs alienadas não devem comprometer a recuperação da empresa e não configurar liquidação da empresa dentro do processo de recuperação judicial. Essa alteração é essencial para garantir segurança jurídica aos investidores adquirentes dos ativos, o que virá facilitar a venda de ativos das empresas recuperandas, devendo permitir, ao final, a manutenção da atividade econômica. (...) A nova redação proposta busca reduzir a insegurança jurídica". "Para assegurar o adquirente ou o financiador garantido a respeito do risco do negócio, o que impactará no preço e na disponibilização do mercado para contratar, a Lei garantiu a consumação do negócio, a partir do recebimento do preço ou dos recursos pelo devedor, gera ato jurídico perfeito que não poderá ter seus efeitos alterados, a menos que por vontade expressa das partes. (In: SACRAMONE, Marcelo. *Comentário à Lei de recuperação de Empresas e Falência*. 2. ed. São Paulo: Saraiva, 2021, p. 364-365).
4. "Outros doutrinadores, porém, deram ao termo uma conceituação um pouco mais ampla, privilegiando o entendimento de que se trata de um complexo de bens organizado (estabelecimento), mas que não corresponde necessariamente à organização originalmente dada pelo devedor, sendo necessário apenas que tenha capacidade de operar de forma autônoma e que sobrem meios para a recuperanda (alienante) continuar em atividade, sob pena de mascarar uma venda de empresa, na qual não se pode cogitar da ausência de sucessão, especialmente tomando em conta a existência de credores extraconcursais" (STJ. REsp 1689187 / RJ. Min. Rel. Ricardo Villas Bôas Cuevas. Terceira Turma. J. em 11.05.2020).

na qual realizou o investimento, via inclusão de disposições que convergem para fato consumado[5] e ato jurídico perfeito[6] na legislação recuperacional.

Nesse particular, faça-se parêntesis necessários: o principal receio do investidor tende a ser o cenário em que, após ter realizado determinando investimento – que, na maioria dos casos, culmina no pagamento de credores –, ocorra a reforma da decisão que o consubstanciou. Neste cenário, o investidor muitas vezes se vê na posição em que estará lançado à sorte da (in)eficiência do processo de liquidação na realidade brasileira[7], sem nenhuma garantia concreta do recebimento do valor desembolsado na falência, ainda que conte com as prioridades estabelecida pelo art. 67, da LFRE[8]. Ou, ainda, na posição de ter concedido um determinado financiamento sem manter nenhuma garantia em seu favor, reduzindo expressivamente a perspectiva de recuperação de seu crédito (e aumentando drasticamente o risco da operação).

5. "Em uma boa demonstração do conhecido pragmatismo norte-americano, doutrina do equitable mootness corresponde a uma construção jurisprudencial, pela qual se reconhece que determinados recursos interpostos no âmbito de processos falimentares (v.g., Chapter 11) tornam-se obsoletos (moot), já não podendo levar à anulação de determinados atos, ou à retroação ao status quo ante, após sejam estes implementados substancialmente, com fundamento em decisão judicial anterior". "Diante desse dilema, é possível concluir que a única interpretação da LRF compatível com o princípio da preservação da empresa é a de que atos validamente praticados no âmbito da recuperação judicial, autorizados por decisão judicial, já não podem ser revertidos ou anulados no futuro no âmbito de eventual recurso. Vale dizer, é preciso reconhecer que, a partir de um dado momento, e este será o da implementação válida dos atos e negócios jurídicos, já não é possível voltar ao estado anterior, ou decidir por sua anulação, em virtude do julgamento de recursos eventualmente interpostos. Essa solução constitui condição necessária para observar o art. 47 da LRF, que positivou o princípio da recuperação da empresa, pilar central do sistema falimentar brasileiro" (MUNHOZ, Eduardo Secchi. Mootness doctrine e o Direito Brasileiro. Preservação dos Atos Validamente Implementados no Âmbito da Recuperação Judicial. (In: ELIAS, Luis Vasco (Coord.). *10 Anos da Lei de Recuperação de Empresas e Falências*: Reflexões sobre a Reestruturação Empresarial no Brasil. São Paulo: Quartier Latin, 2015. p. 116).

   "A hipótese dá ensejo à aplicação da teoria do fato consumado, na qual as situações jurídicas consolidadas pelo decurso do tempo, com supedâneo em decisão judicial, não devem ser desconstituídas, ainda que o teor da decisão não tenha sido o mais acertado, em observância ao princípio da segurança jurídica e das relações sociais. O Superior Tribunal de Justiça já se posicionou no sentido da manutenção de situação jurídica consolidada no tempo em razão do transcurso de doze anos desde a decisão judicial que a determinou, sob o argumento de que a reforma depois de tanto tempo ocasionaria mais danos sociais" (STJ. AgRg no AREsp 446429-DF. Rel. Min. Napoleão Nunes Maia Filho. J. 27.06.2017).

6. A aquisição de bem ou o financiamento do devedor pelo investidor tido por boa-fé, constitui ato jurídico perfeito (art. 5º, XXXVI, da Constituição Federal) e, também por isso, deve ser respeitado. A respeito: "sendo terceiro de boa-fé, (..), não pode ser atingido pelo ato jurídico posterior" (TJSP. Apelação 0195140-85.2008.8.26.0100. 1ª Câmara Reservada de Direito Empresarial. Des. Rel. Maia da Cunha. J. 01.08.2013).

7. Note-se, nesse particular, que há uma expectativa de melhora no processo de falência, na forma da Lei 14.112/2020. De toda forma, o fato é que o processo de liquidação no Brasil tem sido ineficiente e moroso, a 2ª Fase do Observatório de Insolvência, estudo desenvolvido pelo Núcleo de Estudos de Processos de Insolvência (Nepi) da PUC-SP e Associação Brasileira de Jurimetria (ABJ), indicou que a Justiça de São Paulo demora cerca de 57 dias para conceder um pedido de recuperação judicial, enquanto as empresas precisam de em média 517 dias para aprovar um plano de recuperação judicial e 3 anos para deixar o judiciário.

   A ineficiência do processo de recuperação judicial também foi citada pelo secretário especial de Fazenda do Ministério da Economia, Waldery Rodrigues, que indicou estudos de que a taxa de recuperação de crédito, que indica a solvência das empresas, é de 18,2% no Brasil, contra uma média de 31,2% na América Latina, principalmente por causa dos juros altos e do tempo de duração dos processos de recuperação judicial, que leva cerca de 4 anos para o Brasil, enquanto nos demais países latino-americanos é de 2,9 anos (reportagem: https://epocanegocios.globo.com/Economia/noticia/2020/08/recuperacao-judicial-ainda-e-ineficiente-no-brasil-diz-secretario.html).

8. Art. 67. Os créditos decorrentes de obrigações contraídas pelo devedor durante a recuperação judicial, inclusive aqueles relativos a despesas com fornecedores de bens ou serviços e contratos de mútuo, serão considerados extraconcursais, em caso de decretação de falência, respeitada, no que couber, a ordem estabelecida no art. 83 desta Lei.

Aliás, o art. 69-B[9], da LFRE, age como um pilar de suporte ao investidor ao estabelecer que a eventual modificação, em grau de recurso, da decisão autorizativa da operação de financiamento, não altera a natureza extraconcursal e nem a outorga de garantias ao financiador de boa-fé, caso o desembolso já tenha sido efetuado[10]. Espera-se, a partir desse dispositivo, que eventual reforma de decisão pós desembolso não possa afetar a disposição de ativos para venda ou para outorga de garantias.

Para ambos os gatilhos de segurança ao investidor, idealizados pela LFRE em sua atual redação, com efeito, chama-se atenção para o pré-requisito exigido, qual seja: que seja um investidor "*de boa-fé*", podendo, a depender do contexto fático do caso, gerar discussões a respeito do enquadramento nesse conceito para garantir as benesses estabelecidas pela lei. Esse é o aspecto que desperta o interesse dos autores para avaliação do tema nesse breve artigo, consignando-se que, por se tratar de legislação nova, não há pretensão de esgotar o tema que ainda demanda amplo debate acadêmico e na jurisprudência.

2. CONCEITO DE BOA-FÉ E SUA APLICABILIDADE AO AMBIENTE DA LFRE

A boa-fé no direito brasileiro foi pauta de amplo estudo acadêmico, após o Código Civil de 2002. Foi durante os 15 (quinze) anos subsequentes que houve uma maior disseminação desses estudos – que não era ausente antes disso, mas com menor intensidade –, na medida em que foi no texto de 2002 que vieram dispositivos expressos tratando de boa-fé em seu caráter objetivo também. Faz-se necessário, assim, para fins do presente estudo, avaliar se a menção "de boa-fé" no art. 66-A, da LFRE, se comunica com os conceitos civis de boa-fé (subjetiva e objetiva).

A boa-fé subjetiva decorre do estado de ignorância de uma das partes a respeito da existência do direito de outrem ou, ainda, à convicção justificada de que determinado ato estava em pleno alinhamento com a legislação vigente. É o caso, por exemplo, de pessoas que são vítimas de golpes e estelionatos e, de boa-fé (subjetiva), acabam realizando atos que lhes causam danos ou, ainda, que possam ser reconhecidos como ilícitos no futuro. O conceito, tendo como inverso a má-fé, se aproxima à *bona fides* romana, que remete ao estado de absoluta inocência ou à ignorância possessória (quando determinada pessoa exerce posse sem o conhecimento de que o bem é de terceiro)[11].

---

9. Art. 69-B. A modificação em grau de recurso da decisão autorizativa da contratação do financiamento não pode alterar sua natureza extraconcursal, nos termos do art. 84 desta Lei, nem as garantias outorgadas pelo devedor em favor do financiador de boa-fé, caso o desembolso dos recursos já tenha sido efetivado.

10. É o que Marcelo Sacramone define como *segurança jurídica do financiamento*: "Embora o risco de inadimplemento de seu crédito faça com que o financiador majore os juros cobrados ou as garantias exigidas, o risco jurídico, de que a decisão, de que a decisão judicial que autorizou o financiamento possa ser revogada, poderá inviabilizar o financiamento como um todo. Para limitar o risco jurídico, determinou a Lei, no art. 69-B, que a autorização judicial, ainda que passível modificação por recurso às instâncias superiores, permitirá ao financiador ter o seu crédito tutelado e os riscos limitados para efetivar os desembolsos prometidos. Ainda que haja a modificação em grau de recurso ou mesmo reconsideração da decisão autorizativa da contratação, o financiamento não perderá nem o privilégio e nem as garantias caso o financiador já tenha efetivado a transferência de recursos financeiros ao devedor". (In: SACRAMONE, Marcelo. *Comentário à Lei de recuperação de Empresas e Falência*. 2. ed. São Paulo: Saraiva, 2021, p. 374).

11. "Mais do que duas concepções da boa-fé, existem dias boas-fés, ambas jurídicas, uma subjetiva, a outra objetiva. A primeira diz respeito a dados internos, fundamentalmente psicológicos, atinentes diretamente ao sujeito, ao passo que a segunda diz respeito a elementos externos, a normas conduta, que determinam como ele deve agir.

É o caso de declarações falsas, simulações, erro, dolo e outros vícios de manifestação de vontade que, a rigor, contém remédio para reconhecimento de nulidade ou anulabilidade no âmbito do próprio Código Civil.

A boa-fé objetiva, por seu turno, é uma norma mutável, geral, intertemporal, com o objetivo de estabelecer o dever de conduta reta das partes, conforme o contexto fático e jurídico em que elas se inserem[12]. Embora fosse um conceito, há muito, aplicável no direito brasileiro, o Código Civil apenas trouxe dispositivos expressos sobre a matéria em 2002, no âmbito dos arts. 113, 187 e 422 (Art. 113. "Os negócios jurídicos devem ser interpretados conforme a boa-fé e os usos do lugar de sua celebração"; Art. 187. "Também comete ato ilícito o titular de um direito que, ao exercê-lo, excede manifestamente os limites impostos pelo seu fim econômico ou social, pela boa-fé ou pelos bons costumes"; e Art. 422. "Os contratantes são obrigados a guardar, assim na conclusão do contrato, como em sua execução, os princípios de probidade e boa-fé").

Menezes de Cordeiro[13] estabelece que a boa-fé objetiva é o dever de atuar de forma leal, honesta e transparente, observando a diversidade das circunstâncias em que as pessoas podem se relacionar. Judith Martins-Costa[14], complementando, sustenta que não se trata apenas de comportamento honesto, mas sim procurar conduta que seja assim

---

A distinção interessa-nos, porque a boa-fé contratual é a objetiva – e, aliás, os contratos são o principal campo de aplicação da boa-fé objetiva". (In: NORONHA, Fernando. *Princípios dos Contratos (autonomia privada, boa-fé, justiça contratual) e Cláusulas abusivas*. Tese de doutoramento. Faculdade de Direito da Universidade São Paulo. São Paulo, 1990. p. 158 e 161). Ex-Libris. R15-10-25.

No mesmo sentido, Judith Martins Costa: "A boa-fé subjetiva denota, primariamente, a ideia de ignorância de crença errônea, ainda que escusável, acerca da existência de uma situação regular, crença (e ignorância escusável) que repousam seja no próprio estado (subjetivo) da ignorância (as hipóteses do casamento putativo, da aquisição da propriedade alheia mediante a usucapião), seja numa aparência de certo ato (mandato aparente, herdeiro, aparente etc.). Pode denotar, ainda, secundariamente, a ideia de vinculação ao pactuado, no campo específica do direito contratual, nada mais aí significando do que um reforço ao princípio da obrigatoriedade do pactuado, de modo a se poder afirmar, em síntese, que a boa-fé subjetiva tem o sentido de uma condição psicológica que normalmente se concretiza no convencimento do próprio direito, ou na ignorância de se estar lesando direito alheio, ou na adstrição 'egoística' à literalidade do pactuado. Diversamente, ao conceito de boa-fé objetiva estão subjacentes as ideias e ideias que animaram a boa-fé germânica: a boa-fé como regra de conduta fundada na honestidade, ne retidão, na lealdade e, principalmente, na consideração para com os interesses do 'alter', visto como um membro do conjunto social que é juridicamente tutelado. Aí se insere a consideração para com as expectativas legitimamente geradas, pela própria conduta, nos demais membros da comunidade, especialmente no outro polo da relação obrigacional". (In: MARTINS-COSTA, Judith. *A Boa-fé no Direito Privado, sistema e tópica no processo obrigacional*. São Paulo: RT, 1999, p. 411-413).

12. "(...) Daí a opção, muitas vezes, por normas genéricas ou cláusulas gerais, sem a preocupação do excessivo rigorismo conceitual, a fim de possibilitar a criação de modelos jurídicos hermenêuticos, que pelos advogados, quer pelos juízes, para contínua atualização dos preceitos legais. Nesse sentido, temos, em primeiro lugar, o art. 113, na Parte Geral, segundo o qual 'os negócios jurídicos devem ser interpretados conforme a boa-fé e os usos do lugar de sua celebração'. E mais este: 'art. 187. Comete ato ilícito o titular de um direito que, ao exercê-lo, excede manifestadamente os limites impostos pelo seu fim econômico ou social, pela boa-fé ou pelos bons costumes.' Lembro como outro exemplo o art. 422 que dispõe quase como um prolegômenos a toda à teoria dos contratos, a saber: 'Art. 422. Os contratantes são obrigados a guardar, assim como na conclusão do contrato, como em sua execução, os princípios de probidade e boa-fé.' Frequente é no Projeto a referência à probidade e a boa-fé, assim como à correção (*corretezza*) ao contrário do que ocorre no Código vigente, demasiado o parcimonioso nessa matéria, como se tudo pudesse ser regido por determinações de caráter estritamente jurídico. " (In: Pronunciamento do Prof. Dr. Miguel Reale na sessão de 29 de novembro de 2001, como membro da Academia Paulista de Letras-APL, reconstituído pelo Autor e publicado pela Academia).
13. MENEZES DE CORDEIRO, Antonio Manuel. *Da Boa-fé no Direito Civil*. Coimbra: Almedina, 2011, p. 648.
14. MARTINS-COSTA, Judith. *A Boa-fé no Direito Privado, sistema e tópica no processo obrigacional*. São Paulo: Ed. RT, 1999, p. 411-413.

considerada se analisado objetivamente e *vis a vis* o ambiente específico em que os atos estão inseridos. A concepção, como dito, é abstrata e que deve ser analisada de forma circunstancial de acordo com no ambiente que a relação jurídica se insere.

O princípio da boa-fé funciona, assim, como um verdadeiro agente na vinculação entre o direito contratual e os princípios constitucionais previstos, sendo-lhe atribuídas três funções principais: (i) função interpretativa dos contratos; (ii) função restritiva do exercício abusivo de direitos; e (iii) função criadora de deveres anexos à prestação principal, nas fases pré-negocial, negocial e pós-negocial[15].

Tendo por base a função integrativa da boa-fé, Cristiano Chaves Farias[16] explicitou que a cooperação é o próprio fundamento das relações obrigacionais, pois é ela que indicará o caminho do adimplemento como finalidade (função) para o qual é polarizado o negócio jurídico. Destarte, será lesiva ao dever de lealdade qualquer conduta que comprometa a utilidade procurada no contrato, o programa econômico que constitui a prestação. Na fase de execução, a colaboração do credor será necessária para que o próprio devedor tenha condições de levar a cabo a prestação de forma regular, de forma a dotá-la de maior efetividade, satisfazendo em maior medida o interesse cuja satisfação o contrato se dirige.

No que tange às relações empresariais, pondera-se as peculiaridades inerentes à condição contidas no art. 966 do Código Civil, que estabelece que o empresário é aquele que "*exerce profissionalmente atividade econômica organizada para a produção ou a circulação de bens ou de serviços*". A adoção desse conceito pelo legislador possui embasamento no sistema italiano de empresa (sistema da empresarialidade), por meio do qual são estabelecidas regras próprias não àquele que pratica com habitualidade e profissionalidade atos de comércio, mas à atividade definida em lei como empresarial[17].

Sob o prisma do direito empresarial, a boa-fé subjetiva se reflete no caráter psicológico dos partícipes desse ambiente e na ausência de má-fé nas relações; nesse particular, como visto acima, a violação da boa-fé subjetiva encontra remédios nos próprio Código Civil e culmina em vícios graves nos negócios jurídicos e nas declarações de vontade.

A boa-fé objetiva, por sua vez, constitui padrão de comportamento efetivo e direto, modulado sob o viés da confiança – entendendo-se a confiança pelo dever objetivo de credibilidade e previsibilidade, necessárias para o cálculo do investidor acerca do risco da operação de investimento, apresentando-se especialmente, como elemento de segurança jurídica. A confiança é, como bem aponta Anna Lygia Costa Rego[18], elemento no processo decisório do investidor, espinha dorsal das transações empresariais tanto em seu viés de credibilidade quanto em suas repercussões na segurança das transações.

15. TEPEDINO, Gustavo. Novos princípios contratuais e teoria da confiança. *Revista forense: doutrina, legislação e jurisprudência*, v. 101, n. 377, p. 237-254, Belo Horizonte, fev. 2005.
16. FARIAS, Cristiano Chaves de. ROSENVALD, Nelson. *Direito dos Contratos*. Rio de Janeiro: Lumen Juris, 2011, p. 1052.
17. NEGRÃO, Ricardo. *Comercial e de empresa*: teoria geral da empresa e direito. 16. ed. São Paulo: Saraiva Educação, 2020, p. 65. v. 1: Coleção Curso de direito.
18. REGO, Anna Lygia Costa. *A boa-fé no direito privado: critérios para a sua aplicação*. 2. ed. São Paulo: Saraiva Educação, 2018, p. 241. E-book.

Portanto, a principal particularidade da aplicação da boa-fé ao direito empresarial é que o conceito de boa-fé deverá ser interpretado de acordo com as práticas mercantis daquele determinado ambiente e não apenas em seu caráter obrigacional; cuida-se de um holofote mais amplo do conceito, natural do ambiente empresarial que normalmente envolve relações mais complexas.

Afunilando esse conceito ao microssistema da LFRE, a boa-fé é amplamente invocada. Isso porque, em que pese o envolvimento do Poder Judiciário nos institutos de recuperação judicial, extrajudicial e falência, primordial ressaltar a prevalência da autonomia privada da vontade das partes, a fim de unir esforços visando a recuperação da sociedade empresária ou à solução de uma liquidação de ativos. Assim, é possível denotar a existência de um aspecto contratual em tais institutos, podendo estes serem entendidos como um "contrato judicial"[19], o que também atrai a aplicação da boa-fé objetiva. Nessa toada, o plano de recuperação judicial ou extrajudicial, para além da necessidade de tratamento isonômico entre os credores, deve respeitar igualmente os princípios de razoabilidade, racionalidade e, por fim, boa-fé[20], em todas as suas formas, observadas, no entanto, as particularidades do ambiente de insolvência.

Dentro desse contexto, parece-nos inquestionável que o ambiente da insolvência – e do direito empresarial como um todo – prestigia e exige a boa-fé sob todos os seus aspectos; seja ela a boa-fé subjetiva (ou a ausência de má-fé); seja no que diz respeito aos deveres e limitações de conduta decorrentes da boa-fé objetiva. Para além plano de recuperação judicial, a boa-fé também é levantada em outros dispositivos da LFRE, a exemplo do art. 66-A, da LFRE, objeto principal deste estudo.

Pois bem. Considerando que, na LFRE, impera o ambiente de insolvência envolvendo os mais diversos passivos e problemas, a boa-fé está na conduta aplicável às suas particularidades, dentre as quais, destaque-se o fato de ser um processo judicial concebido para solucionar problemas drásticos no universo empresarial. Dessa forma, é simbiótica a necessidade de transparência, proteção, probidade de acordo com os ditames e princípios da LFRE. Não se pode exigir, contudo, obrigações aplicáveis ao sistema jurídico civil ou empresarial ordinários, até porque o ambiente é envolto por uma pluralidade de contingências em razão da insolvência. A boa-fé na insolvência, portanto, deve observar a situação de amplo desgaste do empresário em recuperação ou liquidação, restringindo a expectativa de conduta do investidor ao estrito cumprimento da LFRE.

Destaque-se, nesse particular, que a LFRE é bastante ampla a respeito da delimitação de condutas, impondo a paridade de credores, condenando atos fraudulentos e o conflito

19. CAMPINHO, Sérgio. *Curso de direito comercial* – falência e recuperação de empresa. 11. ed. São Paulo : Saraiva Educação, 2020. p. 33.

20. "[a] boa-fé objetiva é exigida durante todos os momentos contratuais. Antes do contrato, durante a sua formação, a parte deverá corresponder à expectativa da parte adversa, com, por exemplo, a obrigação de prestar todas as informações essenciais sobre o objeto da negociação. Durante o contrato, a boa-fé objetiva tem função de interpretação das cláusulas dúbias e de integração do contrato, com obrigações não expressas das partes contratantes, como a *surrectio* (comportamento da parte que cria direito à parte adversa) e a *supressio* (comportamento da parte que suprime determinados direitos próprios). Após a contratação e durante a fase de cumprimento, a boa-fé objetiva obriga os contratantes a facilitarem e não criarem impedimentos ao cumprimento das prestações pela parte adversa" (SACRAMONE, Marcelo Barbosa. *Manual de direito empresarial*. 2. ed. São Paulo: Saraiva Educação, 2021, p. 221).

de interesses, dentre outros aspectos que podem ser verificados em cada caso específico, a fim de estabelecer se houve ou não violação ao dever de boa-fé (subjetiva ou objetiva) no processo de insolvência.

3. ENQUADRAMENTO DO INVESTIDOR "DE BOA-FÉ" NA LFRE

Como adiantado acima, o art. 66-A, da LFRE, estabelece que a garantia outorgada por investidor "de boa-fé", "desde que realizada mediante autorização judicial expressa ou prevista em plano de recuperação judicial ou extrajudicial aprovado, não poderá ser anulada ou tornada ineficaz após a consumação do negócio jurídico com o recebimento dos recursos correspondentes pelo devedor". Reforçando essa disposição, o art. 69-B[21], do mesmo Diploma Legal, prevê que eventual modificação em grau de recurso não altera a natureza extraconcursal e nem a outorga de garantias ao investidor "de boa-fé", caso o desembolso já tenha sido efetuado.

Esse racional – de garantia e estabilização do desembolso feito pelo investidor – é preservado até mesmo no cenário de falência, à luz do que disciplina o art. 73, VI, § 2º[22], da LFRE, o qual garante que mesmo com a decretação da falência, pelo esvaziamento patrimonial do devedor, em prejuízo de credores não sujeitos à recuperação judicial, inclusive as Fazendas Públicas, ficam preservados os atos praticados com o financiador ou adquirente "de boa-fé", cabendo apenas a determinação de "bloqueio do produto de eventuais alienações e a devolução ao devedor dos valores já distribuídos, os quais ficarão à disposição do juízo".

Note-se, por oportuno, que os dispositivos são expressos ao demandar a classificação do investidor "*de boa-fé*", o que a atrai a necessidade de implementação de toda a diligência necessária e razoável para que se classifique nesse conceito. Ou seja, considera-se investidor "*de boa-fé*" aquele que comprovadamente adotou todas as medidas necessárias para avaliar e se proteger dos riscos decorrentes da operação realizada, dentro do microssistema da insolvência, observadas todas as suas nuances e particularidades.

Em situações ordinárias, a jurisprudência enquadra o terceiro de boa-fé – por exemplo, para fins de discussões acerca da aquisição de propriedade – aquele que comprovadamente adotou todas as medidas necessárias para avaliar se a operação é regular, principalmente, sob a ótica dos institutos de fraude à execução ou fraude contra credores[23]. Esse mesmo prisma é muitas vezes aplicado ao direito empresarial, impondo ao

---

21. Art. 69-B. A modificação em grau de recurso da decisão autorizativa da contratação do financiamento não pode alterar sua natureza extraconcursal, nos termos do art. 84 desta Lei, nem as garantias outorgadas pelo devedor em favor do financiador de boa-fé, caso o desembolso dos recursos já tenha sido efetivado.
22. Art. 73. O juiz decretará a falência durante o processo de recuperação judicial:
    VI – quando identificado o esvaziamento patrimonial da devedora que implique liquidação substancial da empresa, em prejuízo de credores não sujeitos à recuperação judicial, inclusive as Fazendas Públicas.
    § 2º A hipótese prevista no inciso VI do *caput* deste artigo não implicará a invalidade ou a ineficácia dos atos, e o juiz determinará o bloqueio do produto de eventuais alienações e a devolução ao devedor dos valores já distribuídos, os quais ficarão à disposição do juízo.
23. "A diligência do homem médio recomenda que seja pesquisada a situação daquele de quem se adquire um imóvel, no que tange a existência de demanda capaz de levá-lo à insolvência, mediante requisição de certidões de distribuição de ações. Além disso, o adquirente há de verificar a situação jurídica do bem, a fim de saber se há algum

comprador o dever de ampla diligência para evitar fraudes, mas também para garantir a investigação exaustiva a respeito de todos os aspectos externos do ativo que poderiam ensejar a potencial anulação do negócio.

Sob nenhuma hipótese, contudo, essa interpretação pode ser aplicada na sua literalidade ao ambiente de insolvência, sob pena de inviabilizar a atuação do investidor nesse mercado.

Ora, no âmbito dos processos de insolvência, é evidente que o devedor – que venderá o ativo ou tomará o financiamento –, está insolvente; é justamente por isso que subsiste o processo de recuperação judicial (ou extrajudicial), ou mesmo em situação falimentar. Isso, a rigor, torna inadmissível que o investidor fique sujeito às diligências usuais de aquisição de propriedade para ser enquadrado como investidor de "boa fé".

Assim, a premissa usual "de boa-fé" do terceiro, materializada no fato de a operação de transferência ou oneração de bens não "reduzir o devedor à insolvência", como é estabelecida no art. 158 do Código Civil[24] (fraude contra credores) e no art. 792, IV, do Código de Processo Civil[25] (fraude à execução), é inaplicável em casos regidos pela LFRE.

É por isso que essas operações de investimento, quando realizadas no ambiente de processos de insolvência, devem passar pelo crivo dos credores e do Poder Judiciário, como expressamente prevê o art. 66-A da LFRE ao proteger o desembolso do investidor,

---

tipo de restrição registrada em sua matrícula, inexistente na espécie. E o comprador de boa-fé não pode estar sujeito aos revezes, sob pena de se gerar sensível insegurança nos negócios jurídicos. De outro lado, não há nada nos autos que comprove a existência de conluio entre os adquirentes e o executado, muito pelo contrário, não demonstrado qualquer tipo de vínculo entre eles". Nessa perspectiva, com vistas a proteger o terceiro de boa-fé, o STJ editou a Súmula 375, fixando que "o reconhecimento da fraude à execução depende do registro da penhora do bem alienado ou da prova de má-fé do terceiro adquirente". Nesse ponto, atribui-se ao credor o ônus da prova de que o terceiro estava ciente da constrição ou da demanda contra o vendedor, apta a conduzi-lo à insolvência e, mesmo ciente, sem nenhuma diligência, compactuou com a dilapidação patrimonial. (TJSP. Agravo de instrumento 0507350-36.2010.8.26.0000. 26ª Câmara de Direito Privado. Des. Rel. Vianna Cotrim. J. 20.03.2011).

24. Art. 158. Os negócios de transmissão gratuita de bens ou remissão de dívida, se os praticar o devedor já insolvente, ou por eles reduzido à insolvência, ainda quando o ignore, poderão ser anulados pelos credores quirografários, como lesivos dos seus direitos.

    § 1º Igual direito assiste aos credores cuja garantia se tornar insuficiente.

    § 2º Só os credores que já o eram ao tempo daqueles atos podem pleitear a anulação deles.

25. Art. 792. A alienação ou a oneração de bem é considerada fraude à execução:

    I – quando sobre o bem pender ação fundada em direito real ou com pretensão reipersecutória, desde que a pendência do processo tenha sido averbada no respectivo registro público, se houver;

    II – quando tiver sido averbada, no registro do bem, a pendência do processo de execução, na forma do art. 828 ;

    III – quando tiver sido averbado, no registro do bem, hipoteca judiciária ou outro ato de constrição judicial originário do processo onde foi arguida a fraude;

    IV – quando, ao tempo da alienação ou da oneração, tramitava contra o devedor ação capaz de reduzi-lo à insolvência;

    V – nos demais casos expressos em lei.

    § 1º A alienação em fraude à execução é ineficaz em relação ao exequente.

    § 2º No caso de aquisição de bem não sujeito a registro, o terceiro adquirente tem o ônus de provar que adotou as cautelas necessárias para a aquisição, mediante a exibição das certidões pertinentes, obtidas no domicílio do vendedor e no local onde se encontra o bem.

    § 3º Nos casos de desconsideração da personalidade jurídica, a fraude à execução verifica-se a partir da citação da parte cuja personalidade se pretende desconsiderar.

    § 4º Antes de declarar a fraude à execução, o juiz deverá intimar o terceiro adquirente, que, se quiser, poderá opor embargos de terceiro, no prazo de 15 (quinze) dias.

"desde que [a operação tenha sido] realizada mediante autorização judicial expressa ou prevista em plano de recuperação judicial ou extrajudicial aprovado". Note-se, ademais, a estrutura dinâmica da legislação vigente impõe que a alienação de bens e o financiamento no ambiente de insolvência sejam apreciados e autorizados pelo Poder Judiciário – seja via homologação de plano ou por decisão interlocutória –, com respeito ao contraditório, ampla publicidade do ato de alienação/oneração perante os credores/ interessados e intimação do Ministério Público e Fazendas Públicas, conforme determina expressamente o art. 142, § 7º, da LFRE[26].

Não se afirma aqui, no entanto, que o investidor não tem nenhum dever de diligência. Não é isso. O que nos parece razoável é que o investidor, a partir dos dispositivos acima apontados e do ambiente de insolvência, não se sujeite aos riscos externos do ativo aptos a ensejar a sua a nulidade ou anulabilidade do negócio. O risco do investidor, assim e desde que observada a legislação vigente, se refere ao ativo e não ao processo de aquisição ou ao passivo de sua contraparte insolvente (desde que observadas as regras da LFRE para esse procedimento).

Nessa perspectiva, entende-se que investidor de "boa-fé" é aquele que (i) não cometeu nenhuma violação à LFRE ou às regras estabelecidas àquele processo de insolvência específico com base em decisões judiciais (ex.: fixação de procedimento para venda de ativos); e (ii) adquiriu bens ou realizou financiamentos – com outorga das respectivas garantias – com base numa decisão judicial eficaz, implicando em ato jurídico perfeito e fato consumado, irreversível caso a decisão em questão seja reformada na esfera recursal. Esse é o entendimento que vem prevalecendo na doutrina[27], embora, ressalta-se, que se tratam de inovações legislativas, ainda sujeitas à interpretação mais ampla do Poder Judiciário.

Naturalmente, há situações diversas de acordo com a especificidade /complexidade do caso, o que poderá exigir dos envolvidos cuidados adicionais para que o investimento efetivamente possa estar segurado pelas benesses legais de ausência de sucessão, fato consumado e ato jurídico perfeito (e tumulto processual futuro). Vale citar exemplos como (i) casos em que há a necessidade de intervenção do CADE para aquisição de UPI; (ii) casos que envolvem penalidades decorrentes de improbidade administrativa – principalmente, decorrentes da operação lava-jato e consectários – e a eventual necessidade

---

26. Art. 142. A alienação de bens dar-se-á por uma das seguintes modalidades:
    § 7º Em qualquer modalidade de alienação, o Ministério Público e as Fazendas Públicas serão intimados por meio eletrônico, nos termos da legislação vigente e respeitadas as respectivas prerrogativas funcionais, sob pena de nulidade.
27. No âmbito dos processos de insolvência, a doutrina ensina que "*Pressupõe-se, entretanto, que o adquirente ou financiador estejam de boa-fé na conclusão do negócio jurídico e haja autorização judicial ou previsão no plano de recuperação judicial ou extrajudicial*. A proteção legal não protege a má-fé dos contratantes em razão do desconhecimento do não atendimento da regularidade do procedimento que exige a autorização judicial ou a aprovação nos planos" (In: SACRAMONE, Marcelo Barbosa. *Comentários à lei de recuperação de empresas e falências*. 2. ed. São Paulo: Saraiva, 2021, p. 365). No mesmo sentido: "O legislador incluiu na redação da reforma da Lei o dispositivo em análise, prevendo expressamente os requisitos para que a alienação de bens ou a garantia outorgada pelo devedor não possa ser anulada ou tornada ineficaz após a consumação do negócio jurídico e o recebimento dos recursos correspondentes pelo devedor. Esses requisitos são: (i) a boa-fé do adquirente ou financiador; (ii) a autorização judicial expressa ou (iii) previsão em plano de recuperação judicial ou extrajudicial aprovado. Pretende-se, assim, fornecer segurança para os investidores interessados em adquirir bens de empresas em crise, o que pode capitalizar o devedor, fomentando e viabilizando a sua recuperação financeira" (In: CARNIO COSTA, Daniel; e MELO, Alexandre Correa Nasser de. *Comentários à lei de recuperação de empresas e falências*. São Paulo: Juruá, 2021, p. 186).

de envolvimento da autoridade coatora; e (iii) casos que envolvem setores regulados, como energia elétrica, transporte público, concessões etc.; dentre outros casos que não caberia exaurir nesse ambiente. Nesses casos, há uma expectativa natural que tais autoridades tomem ciência do investimento a ser realizado e tenham oportunidade de se manifestar no processo acerca da operação que vem sendo proposta, caso sejam de alguma maneira impactados.

Enfim, os cenários são os mais diversos e envolvem complexidades diferentes, impondo aos envolvidos que tenham uma visão específica a respeito dos aspectos intrínsecos da operação proposta, evitando o prosseguimento de uma aquisição de ativos ou ainda de realização de financiamento que possa violar normas ou direitos de terceiros que não necessariamente estão envolvidos no processo de insolvência e do qual não tomaram ciência via intimação.

4. CONCLUSÃO

Não há dúvidas que o art. 66-A, da LFRE, veio para gerar mais liquidez ao processo de insolvência e para agregar segurança jurídica ao investidor; foi, sem dúvidas, um passo importantíssimo para a evolução do microssistema brasileiro de insolvência. Especificamente no que tange à disposição que demanda "boa-fé" do investidor, o presente artigo traz algumas conclusões pertinentes.

Em primeiro lugar, está claro que, via de regra, o investidor que cumulativamente cumprir os ditames da LFRE, das decisões proferidas no processo em questão e adquirir ativos ou realizar operações de financiamento com base em decisões judiciais eficazes está enquadrado na hipótese do art. 66-A, da LFRE, tendo a sua operação coberta pela ausência de sucessão, fato consumado e ato jurídico perfeito (tudo, após o desembolso para concretização da operação). Essa diretriz tende a solucionar a grandíssima maioria das operações envolvendo aquisição de ativos e realização de financiamentos no processo de insolvência.

Em segundo, está bastante claro que diversas das alterações inseridas na LFRE convergem para o dever de transparência. Nessa perspectiva, é recomendável a ampla publicidade a respeito da operação a ser realizada com a intimação de todos os interessados, demonstrando a pertinência da operação ao processo de insolvência. Nada obstante a exigência legal para intimação do *Parquet* e das Fazendas (LFRE, art. 142, §7º), pondera-se a eventual necessidade de intimação das autoridades que atuam como fiscalizadoras ou reguladoras das atividades desenvolvidas pelo devedor ou ainda pelo ativo *target* (como é o caso da alienação de sociedades ou UPIs). Essa diretriz, embora não esteja expressa no texto legal, converge para oportunizar que eventuais terceiros não participantes do processo de insolvência tenham o direito de exercer o contraditório em relação à operação proposta, evitando-se discussões futuras sobre nulidade, anulabilidade, penalidades eventualmente aplicáveis, revogação de concessões etc.

A partir dessas conclusões, espera-se que as contribuições tenham sido pertinentes para discussão a respeito do art. 66-A, da LFRE e dos investimentos no ambiente da insolvência.

5. REFERÊNCIAS

CAMPINHO, Sérgio. *Curso de direito comercial* – falência e recuperação de empresa. 11. ed. São Paulo: Saraiva Educação, 2020.

CARNIO COSTA, Daniel; e MELO, Alexandre Correa Nasser de. *Comentários à lei de recuperação de empresas e falências*. São Paulo: Juruá, 2021.

FARIAS, Cristiano Chaves de. ROSENVALD, Nelson. *Direito dos Contratos*. Rio de Janeiro: Lumen Juris, 2011.

MARTINS-COSTA, Judith. *A Boa-fé no Direito Privado, sistema e tópica no processo obrigacional*. São Paulo: Ed. RT, 1999.

MENEZES DE CORDEIRO, Antonio Manuel. *Da Boa-fé no Direito Civil*. Coimbra: Almedina, 2011.

MUNHOZ, Eduardo Secchi. Mootness doctrine e o Direito Brasileiro. Preservação dos Atos Validamente Implementados no Âmbito da Recuperação Judicial. In: ELIAS, Luis Vasco (Coord.). *10 Anos da Lei de Recuperação de Empresas e Falências: Reflexões sobre a Reestruturação Empresarial no Brasil*. São Paulo: Quartier Latin, 2015.

NEGRÃO, Ricardo. *Comercial e de empresa: teoria geral da empresa e direito*. 16. ed. São Paulo: Saraiva Educação, 2020. v. 1 – Coleção Curso de direito.

NORONHA, Fernando. *Princípios dos Contratos (autonomia privada, boa-fé, justiça contratual) e Cláusulas abusivas*. Tese de doutoramento. Faculdade de Direito da Universidade São Paulo. São Paulo, 1990.

Pronunciamento do Prof. Dr. Miguel Reale na sessão de 29 de novembro de 2001, como membro da Academia Paulista de Letras-APL, reconstituído pelo Autor e publicado pela Academia.

REGO, Anna Lygia Costa. *A boa-fé no direito* privado: critérios para a sua aplicação. 2. ed. E-book. São Paulo: Saraiva Educação, 2018.

SACRAMONE, Marcelo. *Comentário à Lei de recuperação de Empresas e Falência*. 2. ed. São Paulo: Saraiva, 2021.

SACRAMONE, Marcelo Barbosa. Manual *de direito empresarial*. 2. ed. São: Saraiva Educação, 2021.

SZTAJN, Rachel. Direito e Economia. *Revista de direito mercantil, industrial, econômico e financeiro* n. 144. São Paulo: Malheiros, out.-dez. 2006.

TEPEDINO, Gustavo. Novos princípios contratuais e teoria da confiança. *Revista forense*: doutrina, legislação e jurisprudência, v. 101, n. 377. Belo Horizonte.

Jurisprudência

STJ. REsp 1689187-RJ. Min. Rel. Ricardo Villas Bôas Cuevas. Terceira Turma. J. 11.05.2020.

STJ. AgRg no AREsp 446429-DF. Rel. Min. Napoleão Nunes Maia Filho. J. 27.06.2017.

TJSP. Apelação 0195140-85.2008.8.26.0100. 1ª Câmara Reservada de Direito Empresarial. Des. Rel. Maia da Cunha. J. 01.08.2013.

TJSP. Agravo de instrumento 0507350-36.2010.8.26.0000. 26ª Câmara de Direito Privado. Des. Rel. Vianna Cotrim. J. 20.03.2011.

CONSOLIDAÇÃO SUBSTANCIAL EM *PROJECT FINANCE*

Kleber Zanchim

Pós-doutorando em Administração de Empresas pela Faculdade de Economia e Administração da USP. Especialista em projetos estruturados e distressed deals. Doutor e Graduado pela Faculdade de Direito da Universidade de São Paulo. Sócio de SABZ Advogados.

Bárbara Teixeira

Mestranda e Graduada pela Faculdade de Direito da Universidade de São Paulo. Pós-graduada em Contratos Empresariais pela FGV-SP. Advogada de SABZ Advogados.

1. INTRODUÇÃO: CONSOLIDAÇÃO PROCESSUAL E CONSOLIDAÇÃO SUBSTANCIAL

O litisconsórcio ativo não era previsto de forma específica no processo de recuperação judicial até a alteração promovida pela Lei 14.112/2020 na Lei 11.101/2005 ("LREF"). Seguia os critérios gerais do artigo 113 do Código de Processo Civil ("CPC"),[1] que tem aplicação subsidiária à LREF[2]. Foram a recorrência e o valor financeiro dos casos de reestruturação empresarial envolvendo grupos econômicos de fato e de direito[3] que criaram a necessidade de adaptação do direito concursal para reconhecer especificamente as consequências de crises nesse ambiente complexo da chamada consolidação processual.

A tramitação conjunta de processos de recuperação judicial de sociedades de um mesmo grupo visa sobretudo a reduzir custos processuais e contribuir para que a reestru-

1. Art. 113. Duas ou mais pessoas podem litigar, no mesmo processo, em conjunto, ativa ou passivamente, quando: I – entre elas houver comunhão de direitos ou de obrigações relativamente à lide; II – entre as causas houver conexão pelo pedido ou pela causa de pedir; III – ocorrer afinidade de questões por ponto comum de fato ou de direito.
2. Art. 189 da Lei 11.101/2005. Aplica-se, no que couber, aos procedimentos previstos nesta Lei, o disposto na Lei 13.105, de 16 de março de 2015 (Código de Processo Civil), desde que não seja incompatível com os princípios desta Lei.
3. Para detalhamento das categorias de grupo empresarial, cf. CEREZETTI, Sheila Neder; SATIRO, Francisco. A silenciosa "consolidação" da consolidação substancial: resultados de pesquisa empírica sobre recuperação judicial de grupos empresariais. *Revista do Advogado*. v. 36, n. 131, p. 216-223, out. 2016; e SALOMÃO, Luis Felipe; SANTOS, Paulo Penalva. *Recuperação judicial, extrajudicial e falência*: teoria e prática. 5. ed. Rio de Janeiro: Forense, 2020. p. 452 e ss.

turação ocorra de forma coesa.[4] O litisconsórcio acaba sendo a única forma de superação da crise quando é necessário que a insolvência de uma sociedade produza reflexos sobre seu grupo, por conta de obrigações/responsabilidades cruzadas, por exemplo, mas há barreiras fático-jurídicas para isso[5].

Diferente da consolidação processual, mero litisconsórcio, é a consolidação substancial, ou seja, a agregação de diversas sociedades em um mesmo plano de reestruturação. Na falta de disciplina normativa expressa, a consolidação substancial vinha sendo tratada de forma não uniforme pela jurisprudência[6] a partir de requisitos variados como identidade de sócios, existência de garantias cruzadas e o compartilhamento de despesas e estrutura operacional[7].

Apesar da relevante e reconhecida distinção entre consolidação processual e consolidação substancial, pesquisa empírica demonstrou que, na prática, existe confusão entre os conceitos. A consolidação substancial costuma ser deferida como mera consequência da consolidação processual, sem verificação das peculiaridades que as distinguem. Parece tratar-se de abordagem pragmática do Poder Judiciário, ainda que sem rigor técnico, para diminuir custos de transação advindos da condução de processos separados abrangendo sociedades de um mesmo grupo.[8]

É fato que o uso dos mecanismos de consolidação tem importância para a eficiência dos meios de superação da crise, que deve ocorrer da forma mais célere e com o menor custo possível. Contudo, é essencial seja observado o racional econômico das relações jurídicas entre as entidades de determinado grupo e o equilíbrio de direitos de credores e devedores, uma vez que a recuperação judicial tem o potencial de ensejar a quebra de contratos aumentando a insegurança jurídica do sistema.[9]

Por isso, a simples dificuldade na identificação e separação de ativos e passivos de sociedades agrupadas e a potencial redução dos custos de transação no processo judicial não são motivações suficientes para a consolidação substancial. A desconsideração da segregação patrimonial entre devedores independentes e a unificação de suas obrigações têm potencial de causar distorções no mercado de crédito, com prejuízos para a economia como um todo.

Estas distorções se mostram especialmente relevantes quando se considera a aplicação da consolidação substancial a casos marcados pela autonomia dos fluxos financeiros, a exemplo dos projetos estruturados sob a modalidade de financiamento de *project finance*.

---

4. Cf. SACRAMONE, Marcelo Barbosa. *Comentários à Lei de recuperação de empresas e falência*. 2. ed. São Paulo: Saraiva Educação, 2021. p. 200.
5. Cf. SALOMÃO, Luis Felipe; SANTOS, Paulo Penalva. *Recuperação judicial, extrajudicial e falência*: teoria e prática. 5. ed. Rio de Janeiro: Forense, 2020. p. 460.
6. Cf. CEREZETTI, Sheila Neder. Reorganization of Corporate Groups in Brazil: Substantive Consolidation and the Limited Liability Tale. *International Insolvency Review*. Disponível em: https://ssrn.com/abstract=3817700. Acesso em: 25 ago. 2021. p. 15.
7. Cf. SALOMÃO, Luis Felipe; SANTOS, Paulo Penalva. *Recuperação judicial, extrajudicial e falência*: teoria e prática. 5. ed. Rio de Janeiro: Forense, 2020. p. 458.
8. Cf. CEREZETTI, Sheila Neder; SATIRO, Francisco. A silenciosa "consolidação" da consolidação substancial: resultados de pesquisa empírica sobre recuperação judicial de grupos empresariais. *Revista do Advogado*. v. 36, n. 131, p. 216-223, out. 2016.
9. Cf. NEGRÃO, Ricardo. *A eficiência do processo judicial na recuperação da empresa*. São Paulo: Saraiva, 2010. p. 149.

A seção IV-B da LREF positivou requisitos específicos para que integrantes de grupos empresariais possam litigar em conjunto em processos de recuperação judicial. Contudo, como será apontado adiante, apesar de os parâmetros legais mirarem indícios de possível subordinação de interesse individual da sociedade a interesses do grupo econômico[10], o tema não restou pacificado.

No presente estudo, para analisar eventual interface entre *project finance* e consolidação substancial, primeiramente serão evidenciadas as especificidades desta última figura. Em seguida, serão brevemente sumarizadas as formas de utilização e os fundamentos do *project finance,* bem como as referências que levam instituições financeiras a exigirem reforços de garantias para este modelo de financiamento no Brasil. Por fim, serão confrontadas as principais características do *project finance* com a consolidação substancial, com indicação das fragilidades do *project finance* "à brasileira".

2. ESPECIFICIDADES DA CONSOLIDAÇÃO SUBSTANCIAL

De início vale reforçar as distinções entre consolidação processual e consolidação substancial. Quando ocorre a consolidação processual na recuperação judicial, os patrimônios das pessoas jurídicas do grupo econômico não são confundidos na condução do processo, apesar de ser admitida a pluralidade de sujeitos na lide. Isso significa que há independência dos ativos e passivos das recuperandas e os planos de recuperação e os credores são considerados de forma separada para cada devedor, havendo coordenação apenas dos atos processuais. A autonomia patrimonial dos entes em recuperação judicial é preservada para garantir o interesse de credores que assumiram apenas o risco contratado, não vislumbrando a possibilidade de responsabilização solidária da sociedade que lhes deve com outras integrantes de um grupo econômico.

Outro é o caminho da consolidação substancial. Quando a autonomia jurídica e patrimonial de sociedades que compõem o mesmo grupo é frágil, o entrelaçamento entre elas permite que o conjunto das entidades seja considerado de forma unificada, como se fossem um só devedor. Trata-se de medida que pode vir conjugada com a consolidação processual quando o nível de vinculação entre os devedores acarrete grande dificuldade para aferição das responsabilidades de cada um em separado[11], mas isso não é mandatório.

Para melhor tratamento do concurso de credores, permite-se seja desconsiderado qual passivo específico foi gerado por cada sociedade, atribuindo-se responsabilidade pelas obrigações do grupo econômico de forma consolidada. Essa desconsideração da autonomia patrimonial dos devedores implica procedimento unificado de apresentação de plano de recuperação judicial, lista única de credores e deliberação única destes em face de todo o grupo, com quórum unificado.[12]

10. Cf. SALOMÃO, Luis Felipe; SANTOS, Paulo Penalva. *Recuperação judicial, extrajudicial e falência*: teoria e prática. 5. ed. Rio de Janeiro: Forense, 2020. p. 457.
11. Cf. CEREZETTI, Sheila C. Neder. Grupos de sociedades e recuperação judicial: o indispensável encontro entre direitos societário, processual e concursal. In: YARSHELL, Flávio Luiz; PEREIRA, Guilherme Setoguti J. (Coord.). *Processo societário*. São Paulo: Quartier Latin, 2015. v. II. p. 764.
12. Cf. SACRAMONE, Marcelo Barbosa. *Comentários à Lei de recuperação de empresas e falência*. 2. ed. São Paulo: Saraiva Educação, 2021. p. 203.

Ressalte-se que o § 1º do artigo 69-G da LREF, inserido pela Lei 14.112/2020, estabeleceu que, tanto na consolidação processual quanto na substancial, cada sociedade do polo ativo deve apresentar, individualmente, a documentação exigida pelo artigo 51 da LREF. Verifica-se, pois, que a crise econômico-financeira é requisito para todos os devedores postulantes da recuperação. Assim, do ponto de vista formal, não é admissível permitir na recuperação judicial, em consolidação substancial ou processual, sociedade econômica e financeiramente saudável.

No caso especial de consolidação substancial, a disciplina legislativa busca impedir entes que não estejam em situação de crise, mas pertençam a grupo econômico, de se beneficiarem da recuperação judicial de seus pares em prejuízo de seus próprios credores.

Nessa linha, o artigo 69-J da LREF, que estabelece os critérios para a consolidação substancial, exige a interconexão e a confusão entre ativos ou passivos dos devedores, de modo que não seja possível identificar a sua titularidade sem excessivo dispêndio de tempo ou de recursos, cumulativamente com a ocorrência de, no mínimo, duas das seguintes situações: (i) existência de garantias cruzadas; (ii) relação de controle ou de dependência; (iii) identidade total ou parcial do quadro societário; e (iv) atuação conjunta no mercado entre os postulantes.

Contudo, como a prática nas recuperações judiciais vem demonstrando, tais requisitos objetivos não parecem suficientes quando ponderados com os efeitos da consolidação substancial. Esta, ao induzir reflexões sobre flexibilização de premissas da responsabilidade civil como a autonomia das pessoas jurídicas, enseja análises casuísticas da lógica econômica presente na formação dos créditos e na situação de endividamento das recuperandas, o que, por vezes, leva ao extravasamento dos requisitos elencados na legislação.

Um mitigador pragmático desse fenômeno pode ser a análise do risco efetivo assumido pelos credores em determinada transação com o devedor, algo que não foi contemplado expressamente no artigo 69-J da LREF. O elemento "risco de crédito" tem papel especial em situações-limite como aquela de a confusão patrimonial do insolvente com outras sociedades de seu grupo econômico não ter sido considerada ou conhecida por seus credores[13], caso em que a consolidação substancial deveria ser afastada.

A autonomia patrimonial, característica básica da personalidade jurídica, funciona como forma de compartimentação de riscos pois, via de regra, cada sociedade tem seus bens, direitos e obrigações individualizados, devendo responder apenas por aqueles que lhe são próprios. Essa autonomia assegura tanto os interesses da pessoa jurídica de não ser cobrada por débitos de terceiros quanto a posição dos credores ao evitar depreciação do patrimônio da devedora por força de passivos advindos de outrem.[14]

Assim, importa verificar se é presumível que credores tenham mensurado o risco de crédito de sua contraparte considerando eventual confusão patrimonial dela com outras

13. Cf. SACRAMONE, Marcelo Barbosa. *Comentários à Lei de recuperação de empresas e falência*. 2. ed. São Paulo: Saraiva Educação, 2021. p. 203.
14. Cf. CEREZETTI, Sheila C. Neder. Grupos de sociedades e recuperação judicial: o indispensável encontro entre direitos societário, processual e concursal. In: YARSHELL, Flávio Luiz; PEREIRA, Guilherme Setoguti J. (Coord.). *Processo societário*. São Paulo: Quartier Latin, 2015. v. II, p. 768.

sociedades do mesmo grupo, vislumbrando a possibilidade de consolidação substancial, agora uma hipótese prevista em lei que não pode ser ignorada. Nessa situação, o crédito não estaria limitado à garantia do patrimônio individual da devedora, mas também ficaria sujeito à concorrência de passivos das sociedades agrupadas que, em concreto, atuem em busca de interesses comuns. [15]

Logo, como forma de evitar, ao mesmo tempo, injustificados prejuízos (em caso de concorrência com passivos de outras sociedades) ou benefícios (em caso de concorrência com ativos de outras sociedades) para quem pretendeu se vincular apenas a um devedor específico, e não a seu grupo econômico, a consolidação substancial somente deve ter lugar após cuidadosa avaliação do risco de crédito efetivamente assumido pelos credores. Do contrário, pode haver situações em que credores tenham condições de pagamento pioradas ou melhoradas por razões totalmente desvinculadas das áleas por eles tomadas.

Nesse sentido, o reconhecimento da interdependência entre sociedades e a combinação de seus ativos e passivos via consolidação substancial constitui medida excepcional por romper com a autonomia patrimonial dos entes, resultando em uma "*desconsideração da personalidade jurídica com seus limites restritos à recuperação judicial*" [16], nos moldes do artigo 50 do Código Civil.

Apesar da proximidade entre a desconsideração da personalidade e consolidação substancial, deve-se ressaltar que, enquanto a primeira existe para viabilizar a cobrança de crédito específico de credor prejudicado por utilização imprópria da personalidade jurídica, a segunda serve para afastar as barreiras da personalidade apenas dentro do procedimento da recuperação para fins de reorganização de sociedades em crise[17].

A regra geral do Código Civil para desconsideração da personalidade jurídica aplica-se a situações de desvio de finalidade, confusão patrimonial e adoção de estrutura societária meramente formal para obtenção de vantagens indevidas no manejo de suas relações econômicas. Já a consolidação substancial não exige a presença de fraude ou abuso, mas apenas integração econômica e operacional que acarrete disfunção no uso da personalidade jurídica, fazendo com que a autonomia das sociedades não exista na prática.[18] Nos dois casos, contudo, é preciso identificar situação de confusão de patrimônios para justificar a agregação das entidades em jogo.

Diante do exposto conclui-se que, no contexto de crise empresarial, a atuação coordenada entre sociedades de grupo econômico deve ser cotejada com o risco de crédito tomado pelos credores para justificar eventual consolidação substancial.

---

15. Cf. SACRAMONE, Marcelo Barbosa. *Comentários à Lei de recuperação de empresas e falência*. 2. ed. São Paulo: Saraiva Educação, 2021. p. 202-203.
16. AYOUB, Luiz Roberto; CAVALLI, Cássio. *A construção jurisprudencial da recuperação judicial de empresas*. 4. ed. Rio de Janeiro: Forense, 2020. p. 6.
17. Cf. CEREZETTI, Sheila C. Neder. Grupos de sociedades e recuperação judicial: o indispensável encontro entre direitos societário, processual e concursal. In: YARSHELL, Flávio Luiz; PEREIRA, Guilherme Setoguti J. (Coord.). *Processo societário*. São Paulo: Quartier Latin, 2015. v. II, p. 765.
18. Cf. CEREZETTI, Sheila Neder. Reorganization of Corporate Groups in Brazil: Substantive Consolidation and the Limited Liability Tale. *International Insolvency Review*. Disponível em: https://ssrn.com/abstract=3817700. Acesso em: 25 ago. 2021. p. 24.

3. FUNDAMENTOS E TIPOS DE *PROJECT FINANCE*

O crédito para pessoas jurídicas pode ser lastreado em garantias oferecidas pelo tomador, desenho mais comum e conhecido como empréstimo convencional, ou na predeterminação da destinação dos recursos financeiros disponibilizados (*use of proceeds*), caracterizando o financiamento propriamente dito. Os dois modelos têm reflexos diferentes no risco de crédito.

No primeiro formato, o risco de crédito é calculado com base no patrimônio geral do devedor e no valor dos bens especificamente dados em garantia, independentemente do uso que se pretenda dar aos recursos emprestados.[19] Já no segundo, que representa a lógica inerente ao modelo de *project finance,* o risco do crédito é avaliado considerando um projeto específico. Assim, *project finance* é modalidade de financiamento que tem como lastro a capacidade de geração de receitas e os ativos de um empreendimento a ser financiado. Tal modelagem é utilizada quando a estrutura legal/contratual do projeto, assim como sua solidez técnica e econômica, permitem estimar com certa segurança seu fluxo de caixa, que deve ser estável e capaz de suportar de forma independente o pagamento do financiamento.

A estrutura costuma prever Sociedade de Propósito Específico ("SPE") criada para o fim de explorar o empreendimento e segregá-lo jurídica, financeira e operacionalmente das demais atividades dos acionistas. Estes, não devem, conceitualmente, responder pelo financiamento com seu patrimônio. Afinal, é a SPE quem obtém o crédito com base na perspectiva e confiabilidade de geração de caixa do seu projeto.[20]

Trata-se de modelagem com fator de redução de risco de crédito por exigir que os valores recebidos sejam empregados exclusivamente para a execução de empreendimento determinado. O financiamento advém, geralmente, de instituições financeiras e do mercado de capitais, com constituição de garantias aos financiadores por meio de instrumentos que vinculam os recebíveis, ativos e receitas do projeto.

No *project finance* "puro", o pagamento da dívida ocorre com o fluxo de caixa gerado pelo empreendimento, o que o torna autossustentável, independentemente da capacidade patrimonial de seus acionistas. O risco do financiador é o sucesso do próprio projeto que, além de custear investimentos e despesas operacionais, deve gerar sobra de caixa para pagamento do financiamento.[21]

As garantias envolvem apenas ativos vinculados ao empreendimento e quotas da SPE que o implementará. Assim, o projeto é individualizado como a unidade geradora de recursos responsável pelas obrigações perante os credores. Vale dizer que o *project finance* "puro" não é desnaturado pela utilização da estrutura denominada *limited recourse*, em

19. Cf. ENEI, José Virgílio Lopes. *Project Finance*: Financiamentos com foco em empreendimentos (parcerias público-privadas, *leveraged buy-outs* e outras figuras afins). São Paulo: Saraiva, 2007. p. 60.
20. Cf. ENEI, José Virgílio Lopes. *Project Finance*: Financiamentos com foco em empreendimentos (parcerias público-privadas, *leveraged buy-outs* e outras figuras afins). São Paulo: Saraiva, 2007. p. 19-27.
21. Cf. ENEI, José Virgílio Lopes. *Project Finance*: Financiamentos com foco em empreendimentos (parcerias público-privadas, *leveraged buy-outs* e outras figuras afins). São Paulo: Saraiva, 2007. p. 65.

que os acionistas se comprometem a garantir eventos relacionados a riscos específicos do empreendimento.[22]

O *project finance* é concebido justamente para fortalecer as fronteiras da delimitação de responsabilidade dos acionistas da SPE e da autonomia patrimonial desta. O projeto fica isolado para não ter benefícios nem prejuízos de outros negócios das partes envolvidas.

No Brasil, contudo, é raro o *project finance* puro. Em geral, os financiamentos não têm por lastro apenas o empreendimento e compromissos limitados dos acionistas, mas demandam garantias adicionais destes, que se responsabilizam direta ou indiretamente por pagar os credores caso o projeto não gere o fluxo de receitas esperado.[23] Nesse formato, o risco de crédito é ponderado também em função do balanço dos donos da SPE.

A vinculação dos acionistas ao financiamento ocorre por meio de fiança corporativa ou bancária (a qual, frequentemente, exige como contragarantia a fiança corporativa, o que aproxima os efeitos das duas figuras) ou de um Equity Support Agreement ("ESA"), em que os acionistas se comprometem a prover recursos para cumprimento das obrigações relativas ao projeto.[24]

Uma das justificativas para esse *project finance* "à brasileira", além dos elementos do chamado "risco Brasil" (insegurança jurídica, constante instabilidade macroeconômica, o "manicômio tributário" etc.), é um aspecto regulatório específico das instituições financeiras.

Com a finalidade de preservar a estabilidade do sistema financeiro mundial, foi firmado em 1988 o Acordo de Basileia, seguido de posteriores atualizações, que estabelece diretrizes para regulação prudencial de riscos dos bancos por meio, por exemplo, de critérios de requerimento de capital mínimo regulatório e metodologia para avaliação de risco de crédito, o que influencia nos limites de alavancagem destas instituições. O Brasil aderiu a tais diretrizes internacionais e realiza regulação prudencial e supervisão das atividades bancárias.[25]

Entre as formas de proteção sistêmica, destinada a promover a observância do nível de higidez patrimonial-contábil daquelas instituições, estão regras para constituição de provisões frente a financiamentos, que consideram aspectos da operação, como natureza e valor, e do devedor e seus garantidores, como situação financeira e grau de endividamento, tudo para calcular a probabilidade de não recebimento do crédito.[26]

Assim, a concessão de garantia pelos acionistas no *project finance* contribui para que o risco do financiamento seja considerado menor, melhorando seu *rating*. Isso reduz as provisões da instituição financeira e libera capital regulatório para outras transações. Logo, a graduação do risco orienta a precificação do financiamento[27], sendo que quanto

22. Cf. NEIVA, Tomás. *Project Finance* no Brasil: análise crítica e aperfeiçoamento. São Paulo: Almedina, 2020. p. 16.
23. Cf. NEIVA, Tomás. *Project Finance* no Brasil: análise crítica e aperfeiçoamento. São Paulo: Almedina, 2020. p. 60.
24. NEIVA, Tomás. *Project Finance* no Brasil: análise crítica e aperfeiçoamento. São Paulo: Almedina, 2020. p. 55.
25. Cf. ERLING, Marlos Lopes Godinho. *Regulação do Sistema Financeiro Nacional*: desafios e propostas de aprimoramento institucional. São Paulo: Almedina, 2015. p. 129.
26. Cf. BANCO CENTRAL DO BRASIL. *Resolução 2.682/1999*. Dispõe sobre critérios de classificação das operações de crédito e regras para constituição de provisão para créditos de liquidação duvidosa. Disponível em: https://www.bcb.gov.br/pre/normativos/res/1999/pdf/res_2682_v2_L.pdf. Acesso em: 26 ago. 2021.
27. Cf. SILVA, José Pereira. *Gestão e Análise de Risco de Crédito*. 9. ed. São Paulo: Cengage Learning, 2016. p. 56.

maior a chance de perda, maior o provisionamento e, consequentemente, maior o custo do capital.

Ocorre que, quando um banco assume postura excessivamente conservadora diante de um *project finance*, buscando conforto para o risco de crédito na figura dos acionistas, acaba atraindo, nos contornos da legislação atual, a discussão sobre potencial consolidação substancial em caso de insolvência dos sócios ou da SPE. Pode ficar evidenciado que o risco de crédito não foi influenciado de forma determinante pelo projeto, mas sim pelo balanço dos acionistas deste. Nessa hipótese, podem estar presentes os requisitos para consolidar a SPE no processo de recuperação judicial de seus acionistas ou vice-versa.

Existe aqui espaço para amadurecimento por parte dos bancos, com reflexo direto no tema da consolidação substancial. A classificação contábil para o *project finance* poderia considerar de forma diferenciada o aspecto de natureza e finalidade da transação ao classificar seu nível de risco correspondente, de forma a permitir a redução das provisões bancárias sem perda de sua adequação técnica. Isso porque, embora o Acordo da Basileia defina diretrizes e Conselho Monetário Nacional regule padrões mínimos, os bancos utilizam modelos internos de classificação de risco[28] e podem ponderar de forma mais acurada elementos relacionados ao empreendimento em *project finance*.

Para tanto, as instituições financeiras precisam aprofundar a análise dos projetos nos seus vários aspectos: engenharia, demanda, trajetória de preços de mercado, matriz de riscos etc. Uma abordagem mais assertiva permitiria correlacionar melhor a evolução do empreendimento com seu risco de crédito, reduzindo a necessidade de garantias dos sócios da SPE. Se as análises continuarem protocolares, vinculadas a *checklists* padrão que, por vezes, não dialogam com os casos concretos, os critérios de provisionamento continuarão "abrasileirando" o *project finance*, aproximando demais financiadores e acionistas de modo a aumentar a possibilidade de consolidação substancial entre estes e a SPE.

4. POTENCIAIS INCOMPATIBILIDADES: CONSOLIDAÇÃO SUBSTANCIAL E *PROJECT FINANCE*

Conforme analisado no item II, é possível justificar a consolidação substancial nas hipóteses em que a forma de organização e atuação dos tomadores de crédito tenha levado os credores a considerarem o patrimônio do grupo empresarial como um todo no momento da contratação, sendo perceptível uma confusão patrimonial presente no dia a dia dos devedores. Fora desse contexto, verificando-se que houve tratamento diferenciado do risco pelos credores, seus créditos não podem ser confundidos, devendo ser respeitada a autonomia patrimonial de cada sociedade do grupo, independentemente da coordenação ou não de atos processuais em virtude da consolidação processual.[29]

28. Cf. OLIVEIRA, Giuliano Contento de; FERREIRA, Adriana Nunes. Basileia III: Concepção e Implementação no Brasil. *Revista Tempo do Mundo*, v. 4, n. 1, p. 115-146, 9 out. 2019.
29. SACRAMONE, Marcelo Barbosa. *Comentários à Lei de recuperação de empresas e falência*. 2. ed. São Paulo: Saraiva Educação, 2021. p. 202.

Passemos à análise específica dessas figuras no *project finance*. Importante destacar que qualquer conclusão depende de como foi estruturado determinado financiamento, sempre considerando a verificação da situação fática do projeto no momento pré-concursal, notadamente à luz do risco de crédito assumido pelos credores.

Conforme indicado supra, no modelo "puro" ou "*limited recourse*" de *project finance* o credor concede crédito lastreado essencialmente no patrimônio e potencial de geração de receita da SPE, confiando na autonomia de sua personalidade jurídica e em que eventuais crises de outras sociedades adjacentes não afetarão sua situação financeira.[30] O risco de crédito funda-se nessa premissa.

Portanto, as garantias exigidas e a segregação de patrimônios e dívidas na SPE demonstram com clareza a assunção efetiva do risco do empreendimento pelo financiador. Não há justificativa para impor ao credor que confiou na autonomia da SPE situação mais desfavorável do que teria na execução individual de seu crédito.[31]

Assim, em caso de recuperação judicial da SPE, de seus acionistas ou de outras sociedades do grupo econômico, não há fundamento para aplicação da consolidação substancial na modalidade de *project finance* "puro", sendo imperioso um tratamento isolado e específico do projeto financiado, com proteção aos financiadores e ao patrimônio do empreendimento, reconhecendo sua incomunicabilidade com outros devedores.

Do contrário, ocorreria desvirtuamento da consolidação substancial, que serviria apenas para fragilizar os direitos do financiador. Haveria também benefício indevido a credores que, tendo originalmente como devedoras sociedades com outro tipo de atividade e ativos, sairiam beneficiados com a apropriação de patrimônio e caixa de entidade não considerada na avaliação de risco de crédito deles.

Vale ponderar que, em regra, o financiador de *project finance* é credor com grande influência em eventual recuperação judicial da SPE, sendo esperado que detenha poder de negociação e voto.[32] Com a consolidação substancial, todavia, sua relevância pode acabar comprometida de forma imprevisível, violando suas legítimas expectativas em relação ao recebimento do crédito.

Ademais, a desconsideração indiscriminada da segregação de riscos, elemento determinante para o *project finance*, pode acarretar o completo esvaziamento dessa modelagem. A rentabilidade esperada pelo financiador torna-se absolutamente incerta porque deixa de estar associada apenas às áleas do empreendimento para ser determinada também pelas outras atividades dos acionistas da SPE, a exemplo de um empréstimo corporativo tradicional.

Entretanto, a situação pode mudar quando os sócios da SPE oferecem garantias ou comprometem-se com o aporte de recursos adicionais em caso de insucesso do projeto e o financiador avalia o risco de crédito mais sob a ótica dos garantidores do que do em-

30. SACRAMONE, Marcelo Barbosa. *Comentários à Lei de recuperação de empresas e falência*. 2. ed. São Paulo: Saraiva Educação, 2021. p. 200.
31. NEGRÃO, Ricardo. *Falência e recuperação de empresas*: aspectos objetivos da Lei n. 11.101/2005. 6. ed. São Paulo: Saraiva, 2019. p. 206.
32. ENEI, José Virgílio Lopes. *Project Finance*: Financiamentos com foco em empreendimentos (parcerias público-privadas, *leveraged buy-outs* e outras figuras afins). São Paulo: Saraiva, 2007. p. 248.

preendimento. Isso nubla a autonomia econômico-financeira do projeto, aproximando-o das demais iniciativas empresariais de seus proprietários.

Neste caso, prevalece a essência sobre a forma: mesmo formalmente estruturado como *project finance*, o financiamento assemelha-se a um empréstimo convencional, com o risco de crédito concentrado no acionista. A consolidação substancial estaria, pois, em linha com as expectativas dos credores no momento da contratação, desde que observados os demais requisitos legais, particularmente o de a SPE também estar em crise financeira (artigo 50 da LREF). Os credores são o "ponto de relevância hermenêutica", na linguagem Bettiana, para a decisão sobre a consolidação substancial, diante da seguinte pergunta: qual risco de crédito eles efetivamente correram?

Diante da vedação ao comportamento contraditório e ao abuso de direito, os credores que não correm o risco do projeto não dispõem do argumento de que a recuperação judicial deve respeitar a independência de sociedades do grupo econômico se eles próprios não se ancoraram na autonomia patrimonial delas, mas realizaram transações a revelar simbiose entre as entidades.

Desse modo, a consolidação substancial em *project finance* deve observar os elementos fáticos anteriores à crise empresarial, como foco na identificação do real risco de crédito assumido pelos financiadores, apurando a racionalidade econômica que embasou a operação em atenção ao artigo 113, § 1°, V, do Código Civil.[33]

5. CONCLUSÕES

No presente estudo pretendeu-se demonstrar as interfaces entre a consolidação substancial e o *project finance*. Na essência, as duas figuras não deveriam dialogar, quando se pensa no *project finance* puro. Porém, o *project finance* "à brasileira" pode criar situações passíveis de consolidar a SPE em processo de recuperação judicial de seus acionistas ou vice-versa.

Cabe ressaltar, ainda, a insuficiência dos critérios do artigo 69-J da LREF para lidar com a complexidade do *project finance*. É preciso preenchê-los com a análise do risco de crédito efetivamente tomado pelos financiadores. Quando estes são instituições financeiras, pode-se buscar indicadores na forma como analisaram o empreendimento para fins de atendimento da regulação bancária.

Conclui-se que, no âmbito da recuperação judicial, caso a avaliação pelos credores do risco do financiamento tenha se concentrado fundamentalmente no empreendimento, não cabe consolidação substancial envolvendo a respectiva SPE. Se, porém, os financiadores miraram mais o risco de crédito dos acionistas, não há incompatibilidade *a priori* entre consolidação substancial e *project finance*.

---

33. Artigo 113, § 1° A interpretação do negócio jurídico deve lhe atribuir o sentido que: V – corresponder a qual seria a razoável negociação das partes sobre a questão discutida, inferida das demais disposições do negócio e da racionalidade econômica das partes, consideradas as informações disponíveis no momento de sua celebração.

6. REFERÊNCIAS

AYOUB, Luiz Roberto; CAVALLI, Cássio. *A construção jurisprudencial da recuperação judicial de empresas*. 4. ed. Rio de Janeiro: Forense, 2020.

CEREZETTI, Sheila Neder. Grupos de sociedades e recuperação judicial: o indispensável encontro entre direitos societário, processual e concursal. In: YARSHELL, Flávio Luiz; PEREIRA, Guilherme Setoguti J. (Coord.). *Processo societário*. São Paulo: Quartier Latin, 2015. v. II.

CEREZETTI, Sheila Neder. Reorganization of Corporate Groups in Brazil: Substantive Consolidation and the Limited Liability Tale. *International Insolvency Review*. Disponível em: https://ssrn.com/abstract=3817700. Acesso em: 25 ago. 2021.

CEREZETTI, Sheila Neder; SATIRO, Francisco. A silenciosa "consolidação" da consolidação substancial: resultados de pesquisa empírica sobre recuperação judicial de grupos empresariais. *Revista do Advogado*. v. 36, n. 131, p. 216-223, out. 2016.

ENEI, José Virgílio Lopes. *Project Finance*: Financiamentos com foco em empreendimentos (parcerias público-privadas, *leveraged buy-outs* e outras figuras afins). São Paulo: Saraiva, 2007.

ERLING, Marlos Lopes Godinho. *Regulação do Sistema Financeiro Nacional*: desafios e propostas de aprimoramento institucional. São Paulo: Almedina, 2015.

NEGRÃO, Ricardo. *A eficiência do processo judicial na recuperação da empresa*. São Paulo: Saraiva, 2010.

NEGRÃO, Ricardo. *Falência e recuperação de empresas*: aspectos objetivos da Lei n. 11.101/2005. 6. ed. São Paulo: Saraiva, 2019.

NEIVA, Tomás. *Project Finance no Brasil*: análise crítica e aperfeiçoamento. São Paulo: Almedina, 2020.

OLIVEIRA, Giuliano Contento de; FERREIRA, Adriana Nunes. Basileia III: Concepção e Implementação no Brasil. *Revista Tempo do Mundo*, v. 4, n. 1, p. 115-146, 9 out. 2019.

SACRAMONE, Marcelo Barbosa. *Comentários à Lei de recuperação de empresas e falência*. 2. ed. São Paulo: Saraiva Educação, 2021.

SALOMÃO, Luis Felipe; SANTOS, Paulo Penalva. *Recuperação judicial, extrajudicial e falência*: teoria e prática. 5. ed. Rio de Janeiro: Forense, 2020.

SILVA, José Pereira. *Gestão e Análise de Risco de Crédito*. 9. ed. São Paulo: Cengage Learning, 2016.

O TABU DO SUPERENDIVIDAMENTO DA PESSOA FÍSICA: UMA SUGESTÃO DE ABORDAGEM

Thomas Benes Felsberg

Sócio fundador do Felsberg Advogados e referência mundial na área de falência e recuperação de empresas. Reconhecido por publicações como *Latin Lawyer, Chambers and Partners, The Legal 500* e *Leaders League* como um dos advogados líderes de insolvência no Brasil, participou dos comitês responsáveis pela elaboração da atual Lei de Falências e Recuperação de empresas. LL.M. (Mestrado em Direito) pela *Columbia University*. Graduado em Direito pela USP – Universidade de São Paulo.

Fabiana Bruno Solano Pereira

Sócia do escritório Felsberg Advogados. Formada pela PUC-SP e com LL.M. em *Stanford*, USA. Atua ativamente na representação de devedores, credores e investidores em reestruturações privadas de dívidas e processos de recuperação judicial, extrajudicial e falências.

Agradecemos especialmente ao André Drumon e à Fernanda Correa, que indiretamente contribuíram com este artigo, ao desenvolverem parte da tese aqui colocada em um caso prático de insolvência civil em que atuamos, e que infelizmente tem condenado o insolvente, um senhor de boa-fé de quase 80 anos, ao fardo de um processo interminável, que o leva ser um perpétuo excluído da vida civil

1. INTRODUÇÃO

A insolvência vem sendo um tema central de discussão nos últimos dois anos, em razão da crise econômica mundial deflagrada com a pandemia de Covid-19. Portanto, não é surpresa que pautas importantes relacionadas ao tema, muitas delas em discussão no Congresso Nacional há anos, fossem colocadas em prioridade para análise e votação.

Assim foi feito com a tão discutida reforma da Lei 11.101/05 ("LRF"), voltada à recuperação e à falência do empresário e da sociedade empresária, que entrou em vigor em janeiro de 2021 com o intuito de incentivar a célere recuperação da empresa devedora, ou a reinserção dos seus ativos produtivos na economia, no caso da falência[1].

1. Conquanto a lei em regra seja destinada às pessoas jurídicas (e aos empresários individuais, que a utilizam em raras situações), a reforma instituída pela Lei 14.112/20, que entrou em vigor em janeiro de 2021, cuidou de alguns temas sensíveis envolvendo certas pessoas físicas, em razão do seu envolvimento direto com a atividade empresarial insolvente: por exemplo, agora há normas mais claras permitindo a recuperação judicial do produtor rural e disciplinando, por outro lado, a reabilitação do falido, com a introdução do *fresh start* em nosso ordenamento jurídico.

O legislador também voltou seus olhos às pessoas naturais endividadas, que hoje representam o enorme contingente de 69,7% das famílias brasileiras[2], incluindo neste total impressionantes 30 milhões de *superendividados*[3]. Até recentemente o tema era apenas regulado pelo antigo Código de Processo Civil de 1973, que apesar de revogado ainda rege a malfadada insolvência civil, equiparada à "falência" da pessoa física. O instituto, no entanto, caiu em desuso em razão da sua flagrante ineficiência.

A verdade é que o tema permanece um tabu (quase) intransponível na sociedade brasileira e é ainda visto como "calote" por diversos setores da economia, que temem as suas consequências. Por conta disso, vivemos até recentemente um vazio legislativo quanto ao tratamento do devedor pessoa física que, de boa-fé, fracassou na administração dos seus ativos e passivos. Ao contrário das empresas, que hoje têm a oportunidade de se engajar num processo coletivo de negociação compulsória com seus credores, o indivíduo devedor não contava com meios legais de superar essas dificuldades. Ele se tornava, assim, um pária na sociedade, incapaz até mesmo de ter uma conta bancária com saldo mínimo à sua subsistência livre dos ataques dos credores. Não à toa, a insolvência ainda representa para esses indivíduos uma morte civil certeira, mais penosa do que o fardo do criminoso penal, que tem direito à prescrição dos seus crimes. Aqui, o devedor na prática não está sujeito a prescrição alguma, sequer a intercorrente. Passa a vida tentando uma reabilitação, que nunca chega.

O cenário agora começa a mudar, com a recente promulgação da Lei 14.181/21, que alterou o Código de Defesa do Consumidor e o Estatuto do Idoso para implementar políticas relacionadas à prevenção e ao tratamento do endividamento das pessoas naturais[4]. A nova lei, batizada de Lei do Superendividamento, introduz princípios importantes no ordenamento jurídico, como o direito de o consumidor manter um *mínimo existencial* preservado e de não ser *socialmente excluído,* e permitindo-lhe assim alguma chance de reabilitação.

Parece pouco, mas não é. A Lei do Superendividamento representa uma mudança de paradigma importante e o reconhecimento de que existe de fato um problema a ser sanado.

É interessante notar que o direito do consumidor endividado à reabilitação não se presta apenas a um tratamento condizente com sua dignidade humana[5] (o que já seria razão suficiente para mobilizar a sociedade na solução do problema), mas serve também de estímulo necessário à economia: afinal, com quase 70% de famílias endividadas no país, o que será do consumo interno de bens e serviços produzidos pelas empresas e empresários individuais? Toda a produção nacional será voltada à exportação, enquanto a

---

2. "O percentual de famílias que relataram ter dívidas (cheque pré-datado, cartão de crédito, cheque especial, carnê de loja, crédito consignado, empréstimo pessoal, prestação de carro e de casa) alcançou 69,7% em junho de 2021, alta de 1,7 ponto percentual em relação a maio de 2021, e a maior elevação mensal desde março de 2017. Em relação a junho de 2020, a alta foi de 2,5 pontos, o maior incremento anual desde agosto de 2020" – disponível em: https://www.portaldocomercio.org.br/publicacoes/pesquisa-de-endividamento-e-inadimplencia-do-consumidor-peic-junho-de-2021/363192.
3. Disponível em: https://idec.org.br/idec-na-imprensa/projeto-que-pode-ajudar-30-milhoes-de-superendividados--segue-empacado-na-camara.
4. Artigo 4º, incisos IX e X, da Lei 8.078/90.
5. Artigo 1º da Constituição Federal.

sociedade brasileira é condenada à miséria permanente no inferno de Bosch? Impossível. Em outras palavras: seguindo a mesma lógica utilizada para as empresas sob a égide da LRF, as pessoas físicas em crise financeira devem ser tratadas como agentes econômicos (que são!), cuja recuperação contribui para o crescimento do PIB nacional.

Como se verá, apesar do avanço nessa mudança de paradigmas sociais, as medidas implementadas com a Lei do Superendividamento são ainda tímidas para equacionar o problema de forma definitiva. Não se permite ao indivíduo, como ocorre com as empresas sob a égide da LRF, a adoção de amplas medidas para tornar o seu endividamento racional e condizente com a sua capacidade de pagamento. Isso somente acontecerá por meio de um processo organizado de negociação coletiva das dívidas feito sob medida à capacidade econômica do devedor, o que poderá envolver a sua redução (com a aplicação de deságios sobre o valor do principal, períodos de carência e alongamentos), desde que aprovada pela maioria dos credores, com poder de vincular a minoria dissidente. Ao final, o devedor de boa-fé deveria ter suas obrigações extintas, para que pudesse ter uma segunda chance. Isso hoje ainda é um desejo não positivado na lei.

Ou seja, existem barreiras para solucionar a questão, diferentemente do que ocorre em outros países, que encaram o superendividamento como um dos riscos relacionados à atividade econômica, a ser equacionado de forma eficiente para permitir o retorno célere do insolvente ao mercado, na qualidade de agente propulsor da economia[6].

Não seria difícil implementar melhoras substanciais ao que já existe em nosso ordenamento jurídico. Entretanto, infelizmente esse tema ainda não atingiu o consenso necessário entre as diversas partes afetadas a ponto de ser refletido em normas mais eficientes.

De qualquer forma, estamos diante de um bem-vindo processo de mudanças iniciado com a Lei do Superendividamento. Esperamos que a discussão sobre o assunto permaneça pujante, e que num curto espaço de tempo leve à positivação de outras regras que promovam uma eficiente negociação coletiva e compulsória à coletividade de credores (desde que obedecida, sempre, a regra da maioria), garantindo ao final a reabilitação plena do indivíduo num espaço de tempo razoável e condizente com sua dignidade humana.

Enquanto isso não acontece, caberá ao poder judiciário interpretar todas as normas de forma integrada, sempre condizente com os princípios que norteiam a insolvência, que são de ordem constitucional e infraconstitucional, garantindo assim um tratamento justo ao indivíduo insolvente. Afinal, a grande massa de endividados hoje não é uma ficção, e dificilmente conseguirá seguir adiante apenas com a aplicação literal e não integrada das normas em vigor.

2. OS PROBLEMAS DA INSOLVÊNCIA CIVIL

A insolvência civil encontra-se regulada pelos artigos 748 a 786-A do Código de Processo Civil de 1975, que embora tenha sido revogado pela Lei 13.105/2015, continua

6. COSTA, Daniel Carnio. O fresh start no novo sistema de insolvência empresarial brasileiro *Revista do Advogado da AASP* n. 150, São Paulo, 2021, p. 13.

a reger as disposições sobre a matéria. Essa circunstância é sintomática de um regramento que já fracassou na prática: em levantamento recente realizado perante o Tribunal de Justiça de São Paulo, apurou-se que existiam apenas 94 processos do gênero em andamento no período de 2013 a 2020, e nenhum deles encerrado. Esse número claramente não reflete o contingente de pessoas físicas endividadas no Estado, o que demonstra que nem devedores nem credores optam pela insolvência civil para resolver o problema do endividamento da pessoa física.

O conceito por detrás da insolvência civil se assemelha ao de uma "falência simplificada". Se o devedor possuir mais passivos que ativos, ele se encontra num estado de insolvência. A presunção desse estado, por sua vez, acontece quando o devedor não possuir outros bens livres e desembaraçados para nomear à penhora, ou tiver arrestado bens do devedor[7]. Já por aí percebe-se o desuso da insolvência civil, afinal é comum encontrar no curso dos processos de execução devedores que não nomeiam bens à penhora suficientes para garantir a execução. Nessas hipóteses, ao invés da decretação da insolvência a pedido de uma das partes, é comum ver as execuções sendo remetidas ao arquivo, por tempo indefinido à espera de bens do devedor, que dificilmente aparecem já que o devedor não consegue meios para refazer um patrimônio mínimo.

Assim como na falência, a declaração de insolvência produz o vencimento antecipado de todas as dívidas, com a instauração do concurso universal de credores e a nomeação de um administrador judicial, que passa a ser responsável pela administração, arrecadação e alienação de todos os bens do devedor suscetíveis de penhora[8].

A declaração de insolvência poderá ser requerida por qualquer credor quirografário[9] ou pelo devedor. Se requerida pelo credor, o devedor poderá ilidir o pedido, e arguir como únicas defesas a demonstração (1) de alguma irregularidade formal no pedido (tais como inexigibilidade do título, ilegitimidade de parte, nulidades no título, excesso do valor cobrado, incompetência do juízo), ou (2) de que seus ativos representam valor maior que o total do passivo.

Uma vez alienados os bens e vertidos à massa sem que haja o pagamento integral de todos os credores, o devedor insolvente permanece obrigado pelo saldo remanescente em aberto. E aí começam os problemas sérios com o instituto.

Isso porque a insolvência civil não acarreta a desoneração do devedor quanto às suas dívidas. Ele permanece responsável por elas, devendo quitá-las com seus bens passíveis de penhora até que o juiz declare a extinção das obrigações. Ocorre que essa sentença de extinção somente ocorrerá após o decurso do prazo de 5 (cinco) anos contados da data do encerramento do processo de insolvência.

É o círculo vicioso: o devedor não tem meios de recomeçar e saldar as suas dívidas, redimindo-se dos seus erros e peripécias financeiras, ainda que tenha agido de boa-fé. Não conseguirá manter uma conta bancária ativa, livre de penhoras e constrições, nem um trabalho digno com remuneração apropriada, diante da pecha de devedor contumaz.

---

7. Artigos 797 e 798 do CPC.
8. Artigos 761, II, e 766 do CPC/73.
9. Em tratamento semelhante ao da falência regulada pelo Decreto-Lei 7661/45.

O processo de insolvência não é encerrado, as obrigações não são extintas, e na prática a maioria dos credores concursais vende seus créditos a fundos de "ativos estressados", cuja atividade é infernizar a vida desses mortos civis à procura de bens.

Durante esse penoso processo, o devedor até tem a opção de tentar um acordo com seus credores sob a supervisão do juiz, após a formação do quadro geral de credores. No entanto, o juiz somente poderá homologar a proposição se não houver oposição de qualquer um deles[10], o que na prática se revela inviável.

Outra disposição quase afrontosa ao devedor é que, apenas se a ele não for atribuída *culpa* pelo estado de insolvência (ou seja, não se trata de dolo, mas de uma simples conduta negligente, imprudente ou imperita ao contrair dívidas), poderá solicitar ao juiz que lhe arbitre uma pensão ao longo do procedimento, até a alienação dos seus bens em benefício da massa. Em outras palavras: não se permite ao devedor insolvente errar. O pecado mortal de dever a terceiros é maior do que aquele cometido por criminosos na esfera penal, e que estão protegidos pela prescrição de seus crimes.

Ora, o instituto da insolvência civil é uma ferramenta que deveria ser utilizada para instaurar um concurso de credores e liquidar os ativos do devedor, ao invés de ser um meio de punição perpétua às pessoas insolventes. Todavia, na prática, a inabilitação do indivíduo endividado cria grande empecilho para a sua vida civil. Proibido de praticar atos livremente, visto como inapto, o insolvente torna-se uma espécie de pária, sem acesso a fontes de renda e com severas restrições de crédito. Com isso, aqueles já endividados acabam comprometendo ainda mais a sua renda, e são impedidos de obter recursos mínimos necessários à própria subsistência. Além disso, enquanto suas obrigações não são extintas, permanece tachado como um quase-cidadão.

Todos esses efeitos práticos, se muito estendidos no tempo, representam clara e direta violação ao princípio da dignidade da pessoa humana. Isso porque o processo assume caráter de punição perpétua (lesão ao art. 5º, XLVII, CF), por em geral ficar em estado de permanente dormência, diante da impossibilidade de arrecadação de mais bens do devedor.

3. A NOVA LEI DO SUPERENDIVIDAMENTO

Como alternativa à malfadada insolvência civil, e impulsionada pela crise econômica sem precedentes que assolou o país com a pandemia, em julho de 2021 entrou em vigor a Lei 14.181/21, após anos de discussão no Congresso Nacional. A nova lei, como visto, acrescentou novas disposições ao Código de Defesa do Consumidor e ao Estatuto do Idoso com o intuito de prevenir e dar um outro tratamento ao endividamento dos consumidores.

O Conselho Nacional de Justiça, de forma didática ao público, elucidou com praticidade os objetivos da lei: "Quando as dívidas fogem do controle, a ponto de a pessoa não conseguir mais pagar despesas básicas para sobreviver, fica difícil enxergar uma saída. A Lei Federal 14.181/2021, conhecida como Lei do Superendividamento, entrou

10. Artigo 783 do CPC/73.

em vigor em julho e oferece uma solução para consumidores que não conseguem mais pagar as parcelas dos seus empréstimos e crediários em geral"[11].

Pelas novas regras[12], o superendividamento passou a ser definido como a impossibilidade manifesta de o consumidor pessoa natural, de boa-fé, pagar a totalidade de suas dívidas de consumo, exigíveis e vincendas, sem comprometer seu mínimo existencial.

As novas regras, portanto, não se aplicam ao consumidor de má-fé[13], que age com dolo, sem intenção de pagamento desde o início. Estão também excluídas as dívidas provenientes de contratos de crédito com garantia real, de financiamentos imobiliários e de crédito rural, assim como as dívidas fiscais e decorrentes de pensão alimentícia.

É interessante notar a mudança de abordagem da nova lei no trato do endividamento, que traz princípios constitucionais em seu texto: a dignidade humana, reconhecida no artigo 1º da Constituição Federal, ganha relevo indissociável à insolvência, e a nova lei traz um novo sistema de prevenção e equacionamento de dívidas como forma de evitar a exclusão social[14] do consumidor e preservar seu mínimo existencial.

Ou seja, em regra os novos artigos se aplicam às relações de consumo em geral, incluindo as relações de crédito de consumidores com instituições financeiras, como enfatiza o § 2º do mesmo artigo[15].

A nova lei introduziu dois capítulos no Código de Defesa do Consumidor: o primeiro, composto pelos artigos 54-A a 54-F, que dispõe sobre a prevenção e o tratamento do superendividamento[16]; o segundo, que trata da conciliação no superendividamento[17] nos artigos 104-A a 104-C, traz um esquema que pode se tornar compulsório aos credores, baseado na boa-fé do consumidor insolvente, como se disse.

As normas de prevenção do superendividamento em geral tratam da obrigatoriedade de os fornecedores de bens e serviços prestarem informações claras e corretas ao consumidor no momento da oferta, seja nos contratos de concessão de crédito ou fornecimento de bens ou serviços, incluindo o custo total do contrato, considerando encargos remuneratórios e moratórios; o direito do consumidor à liquidação antecipada e não onerosa do débito; e a informação sobre os agentes financiadores envolvidos. O descumprimento dessas práticas tem o condão de acarretar a redução dos juros (mantendo a obrigação original com relação ao principal da dívida) e dos demais encargos, e a dilação do prazo de pagamento previsto no contrato original, conforme a gravidade da conduta do fornecedor e as possibilidades financeiras do consumidor, sem prejuízo de outras sanções e de indenização por perdas e danos, sujeitas a decisão judicial.

Ficam também expressamente vedadas as más práticas dos fornecedores de bens e serviços, dentre as quais as relacionadas à presteza com que devem veicular as informa-

11. Disponível em https://www.cnj.jus.br/cnj-servico-o-que-muda-com-a-lei-do-superendividamento/.
12. § 1º do artigo 54-A.
13. § 3º artigo 54-A.
14. Artigo 4º, X, do CDC.
15. Conforme restou decidido pelo Supremo Tribunal Federal em decisão final proferida na Ação Direta de Inconstitucionalidade 2591, conhecida como a "Adin dos Bancos".
16. Tais artigos estão incluídos no Capítulo VI-A do Código de Defesa do Consumidor.
17. Tais artigos estão incluídos no Capítulo V do Código de Defesa do Consumidor.

ções; a impossibilidade de cobrança ou débito em conta de quantias contestadas pelo consumidor em compras realizadas com cartão de crédito ou similar, enquanto não solucionada a controvérsia; e a recusa em entregar a cópia dos contratos aos devedores e coobrigados[18].

Para além dessas disposições de cunho preventivo, que incluem já punições aos credores faltosos como um incentivo para que adotem as melhores práticas, para fins desse artigo nos interessam mais as regras sobre a conciliação no superendividamento, que trazem uma nova sistemática para reestruturação do endividamento do consumidor, incluindo bancos[19].

O consumidor pessoa natural superendividado poderá requerer em juízo[20] a instauração de um processo de conciliação para repactuação de suas dívidas, em que poderá formular proposta de pagamento em até 5 (cinco) anos, preservados o mínimo existencial[21], (que deverá ainda ser tema de regulamentação própria), as garantias e as formas de pagamento originalmente pactuadas.

O processo de conciliação deverá ser conduzido perante os órgãos públicos integrantes do Sistema Nacional de Defesa do Consumidor, podendo ser ainda regulado por convênios celebrados entre esses órgãos e as instituições credoras ou associações. Poderá ainda ser realizada uma audiência global de conciliação nas ações individuais com todos os credores, e os órgãos públicos deverão facilitar a elaboração de plano de pagamento ao consumidor endividado, sem prejuízo das medidas a serem adotadas para sua reeducação financeira[22].

O não comparecimento injustificado de qualquer credor à audiência de conciliação terá como consequências a suspensão da exigibilidade do débito e a interrupção dos encargos da mora, se o consumidor reconhecer como certo o montante devido, e a sujeição compulsória do credor ao plano de pagamento da dívida, sendo que o valor que lhe é devido somente será pago depois que os credores que compareceram à audiência de conciliação tiverem sido quitados.

O acordo entre as partes homologado em juízo terá eficácia de título executivo judicial e força de coisa julgada.

O plano de pagamento a ser proposto pelo devedor e submetido aos credores, como visto, poderá englobar medidas de dilação de prazo de pagamento e de redução dos encargos da dívida ou de taxas de remuneração do fornecedor. Ou seja, não são admitidos descontos sobre o principal da dívida. Deverá, ainda, conter disposições prevendo se as ações judiciais visando à cobrança da dívida serão extintas ou suspensas; a data a partir da qual o consumidor será excluído dos bancos de dados e cadastros de inadimplentes; e a obrigação de o consumidor não praticar condutas que importem o agravamento da sua situação de superendividamento.

---

18. Artigo 54-D, III.
19. STF, ADIn 2591.
20. Art. 104-C.
21. Art. 104-A.
22. Art. 104-C, § 1º.

Segundo as novas normas, o pedido formulado pelo consumidor não importará em declaração de insolvência civil (o que é uma contradição em si com a regulação deste instituto, já que como se viu o consumidor que se encontra nessa situação financeira fatalmente já se encontra num estado de insolvência) e poderá ser repetido somente após transcorridos 2 anos contados da liquidação das obrigações previstas no plano homologado.

Se as partes não obtiverem êxito na conciliação em relação a quaisquer credores, o juiz, a pedido do consumidor superendividado, instaurará processo por superendividamento para revisão dos contratos remanescentes, mediante plano judicial compulsório. Todos os credores que não participaram do acordo porventura celebrado serão citados para, em quinze dias, apresentarem as razões pelas quais porventura não aceitam o plano voluntário.

O juiz poderá nomear um administrador, desde que isso não onere as partes (pergunta-se como o legislador pretende não onerar as partes nesse caso, já que os honorários do administrador haverão de ser arcados por alguém...), que em 30 dias apresentará um plano de pagamento novamente contemplando medidas de alongamento ou redução dos encargos, e nunca do valor principal da dívida. Esse plano assegurará aos credores, no mínimo, o valor do principal corrigido por índices oficiais de preço e preverá a quitação da dívida em no máximo 5 anos, contados da quitação do plano de pagamento consensual, sendo que a primeira parcela será devida no prazo máximo de 180 dias contados da homologação judicial, e o restante em parcelas mensais, iguais e sucessivas.

Apesar de representar um avanço nítido no tratamento legal do endividamento da pessoa física, diante do enorme vazio normativo existente até então, a nova lei está longe de resolver o problema de forma definitiva, afinal a dívida permanece, apesar da possibilidade de alongamento e redução dos seus encargos. Ou seja, o plano de pagamento desconsidera a real capacidade de pagamento do consumidor pessoa física, que de qualquer forma terá que se virar para pagar o principal em até 5 anos. Se a dívida for impagável, o consumidor permanecerá excluído da vida social, e os princípios da dignidade humana, da não exclusão social do consumidor e da garantia ao seu mínimo existencial almejados pela lei e consagrados na Constituição Federal continuarão a ser vilipendiados.

Outra questão não resolvida é que a Lei do Superendividamento em princípio está restrita às relações de consumo. Há, no entanto, endividamentos de outras naturezas assumidos pelos indivíduos cujo tratamento permanece no limbo. É o caso, por exemplo, dos coobrigados e garantidores pessoais das dívidas assumidas por terceiros, como acontece com o sócio de responsabilidade limitada da empresa que contrai uma dívida. Como se sabe, ele está excluído dos efeitos da LRF[23]. Há dúvidas se ele poderia ser considerado consumidor e, portanto, beneficiado pela Lei do Superendividamento[24]. Essa questão

23. Artigo 49. § 1° Os credores do devedor em recuperação judicial conservam seus direitos e privilégios contra os coobrigados, fiadores e obrigados de regresso.

24. Há, basicamente, duas vertentes originais e uma "intermediária" que vem sendo aceita pelo STJ para definir o consumidor: (i) a finalista, entende que consumidor seria o destinatário fático e econômico. No caso de produtos, além da posse (destinatário fático), o bem deve ser para uso pessoal e familiar, o que exclui do âmbito de incidência da norma o uso profissional; (ii) a maximalista entende consumidor qualquer pessoa adquirente de produtos e

haverá de ser dirimida nos tribunais, a depender da vertente utilizada pelo julgador para definir *consumidor*, e das circunstâncias fáticas do caso concreto[25].

4. AS DISPOSIÇÕES DA LEI 11.101/05 SOBRE O *FRESH START*

Conquanto seja muito bem-vinda a Lei do Superendividamento, que representa um avanço incontestável no trato do consumidor endividado, é interessante notar a disparidade de tratamentos em nosso ordenamento jurídico da insolvência da pessoa física e da pessoa jurídica.

A LRF alçou a insolvência das empresas a um novo patamar, seguindo as recomendações do Banco Mundial e certos conceitos importados da legislação de outros países, como a norte-americana. Na recuperação judicial, o legislador estabeleceu um elaborado mecanismo de colaboração e negociação coletiva para solucionar o estado de crise financeira da empresa. Devedores e credores em conjunto contribuem para a solução, partindo do pressuposto de que a empresa é economicamente viável, com os objetivos de fornecer mecanismos para as empresas devedoras reorganizarem sua estrutura de capital e poupar os credores de uma corrida inglória pelos bens da devedora, já que a empresa endividada não possui bens suficientes para arcar com o pagamento integral de sua dívida.

Na falência, há o reconhecimento de que a empresa devedora é inviável, e não passível de recuperação. Neste caso, afasta-se o devedor das suas atividades e busca-se preservar e otimizar a utilização produtiva dos bens da empresa devedora, mediante a sua liquidação célere e realocação eficiente de recursos na economia. Com a recente reforma instituída na LRF, a falência sofreu ainda alterações importantes visando ao fomento do empreendedorismo, por meio da viabilização do retorno célere do empreendedor falido à atividade econômica com a adoção dos institutos de *discharge* e *fresh start*, em que o falido é liberado de suas dívidas e estimulado a recomeçar com suas atividades, após entregar todos os seus ativos, exceto o seu bem de família, ao juízo em favor da massa.

---

serviços no mercado de consumo, mesmo que estes servissem apenas de insumo ou elemento da cadeia produtiva; (iii) finalismo aprofundado (finalismo mitigado): "O foco do finalismo aprofundado é para pessoas jurídicas que atuam no mercado, ou seja, que também atuam como fornecedores. Assim, em vez de analisar se o adquirente de produto ou serviço é destinatário fático e/ou econômico, prestigia-se, corretamente, o exame da vulnerabilidade no caso concreto, ou seja, se, no vínculo específico, há evidente superioridade de uma das partes de modo a afetar substancialmente o equilíbrio da relação, com imposição, por exemplo, de cláusulas abusivas e desproporcionais, vendas casadas, situações de enriquecimento sem causa etc. O Superior Tribunal de Justiça adota, atualmente, o finalismo aprofundado, com a denominação finalismo mitigado. (...) Ao verificar a vulnerabilidade em concreto para concluir ou não pela incidência do CDC, analisa seus quatro aspectos: fático, econômico, técnico e informacional, nos termos da classificação proposta por Cláudia Lima Marques (v. comentários ao art. 4º). É verdade que, ainda hoje, mesmo após 30 anos de vigência do CDC, pode haver divergência na Corte quanto à presença ou não da vulnerabilidade, mas é fato que ao menos se definiu o caminho (método) para resolver a questão" (BESSA, Leonardo Roscoe. *Código de Defesa do Consumidor Comentado*. Rio de Janeiro: Grupo GEN, 2020, p. 8).

25. "(...) A lei emprega o verbo "adquirir", que tem de ser interpretado em seu sentido mais lato, de obter, seja a título oneroso ou gratuito. Porém, como se percebe, não se trata apenas de adquirir, mas também de utilizar o produto ou o serviço, ainda quando quem o utiliza não o tenha adquirido. Isto é, a norma define como consumidor tanto quem efetivamente adquire (obtém) o produto ou o serviço como aquele que, não o tendo adquirido, utiliza-o ou o consome. (...) Evidentemente, se alguém adquire produto não como destinatário final, mas como intermediário do ciclo de produção, não será considerado consumidor. (...)" (NUNES, Luiz Antonio Rizzatto. Comentários ao Código de Defesa do Consumidor, 8ª edição. São Paulo: Saraiva, 2014. p. 170).

Aí é que o instituto do *fresh start* traz um paralelismo interessante com o endividamento da pessoa física, na medida em que em ambos há um viés humanitário, com bases constitucionais[26]. Na legislação norte-americana, que adota plenamente tais institutos, o racional da norma é a reabilitação do falido: *Rehabilitation is a goal that says something about American society. In part, society assists debtors on humanitarian grounds. Rehabilitating debtors is part of the responsibility to treat members of society humanely. It promotes values of human dignity and self-respect. It also enables people and business to be a part of the ongoing credit economy.*[27]

No entanto, e infelizmente, param por aí as comparações com o sistema norte-americano, na medida em que lá, de fato, num estágio bastante preliminar da falência, após a entrega de seu patrimônio para ser vertido à massa, o devedor já se vê livre para recomeçar e empreender.

No Brasil, a novidade trazida pela reforma da LRF prevê a extinção das obrigações do falido (i) mediante o pagamento integral dos créditos; (ii) após a liquidação integral do ativo, com o pagamento de 25% dos créditos quirografários; (iii) concomitantemente com o encerramento do processo de falência; ou (iv) caso não ocorrida nenhuma das situações anteriores, após o transcurso de 3 anos contados da decretação da falência, ainda que o processo de falência permaneça em curso[28].

Entende-se por falido o empresário individual ou a própria sociedade empresária[29], incluindo os sócios da sociedade de responsabilidade ilimitada, e em princípio não os sócios e os administradores de uma sociedade de responsabilidade limitada, que sabidamente em princípio não respondem pelas dívidas da empresa. Há, no entanto, dúvidas quanto à amplitude do conceito de *falido* na lei. Daniel Carnio entende que os sócios "que representam e administram a sociedade de responsabilidade limitada (diretores/administradores) são equiparados ao empresário individual para fins dos encargos processuais e restrição profissional"[30]. Nessa toada, as figuras do *discharge* e do *fresh start* se aplicariam também a essas pessoas físicas.

De qualquer forma, o que nos importa aqui, como dito, é o paralelismo entre os tratamentos díspares dados aos devedores pessoas físicas, com a insolvência civil e a Lei

---

26. Segundo o artigo *Bankruptcy*: The Constitutional Right to Start Over: "Many people are unaware that it is the Constitution of the United States of America that provides to its citizens the constitutional right to file bankruptcy and begin anew one's economic life. This was not an "after thought" by our Founders. It was a vital and central right, to their way of thinking a right as important and as basic as the other constitutional rights to freedom of speech, assembly and religion." (apud COSTA, Thiago Dias e AZZONI, Clara Moreira. O *fresh start* empresarial – a extinção das obrigações do falido na Lei 14.112/2020. In: VASCONCELOS, Ronaldo; PIVA, Fernanda; BRAGANÇA, Gabriel José de Orleans e; HANESAKA, Thaís D'Angelo da Silva e SANT'ANA, Thomaz Luiz (Coord.). *Reforma da Lei de Recuperação e Falência* – Lei 14.112/2020. São Paulo: Iasp, 2021. p. 1114).
27. GROSS, Karen. *Failure and forgiveness* – Rebalancing the bankruptcy system, New Haven, Yale University Press, 1997, p. 102. (apud COSTA, Thiago Dias e AZZONI, Clara Moreira. O *fresh start* empresarial – a extinção das obrigações do falido na Lei 14.112/2020. In: VASCONCELOS, Ronaldo; PIVA, Fernanda; BRAGANÇA, Gabriel José de Orleans e; HANESAKA, Thaís D'Angelo da Silva e SANT'ANA, Thomaz Luiz (Coord.). *Reforma da Lei de Recuperação e Falência* – Lei 14.112/2020. São Paulo: Iasp, 2021. p. 1115).
28. A lei antes previa que isso ocorreria em 5 anos contados do encerramento da falência, o que na prática perpetuava o fardo do devedor.
29. Artigo 102 LRF.
30. COSTA, Daniel Carnio. O fresh start no novo sistema de insolvência empresarial brasileiro *Revista do Advogado da AASP* n. 150, São Paulo, 2021, p. 10.

do Superendividamento, e às pessoas jurídicas, mediante o sofisticado sistema instituído pela LRF.

Há ainda problemas sérios a serem superados no novo sistema implementado na LRF[31]. No entanto, os princípios recentemente incorporados na lei chamam a atenção, e estão mais alinhados às recomendações do Banco Mundial para os sistemas de insolvência dos diversos países[32].

Com efeito, as diretrizes do Banco Mundial divulgados em abril de 2021 para sistemas eficientes de insolvência e de proteção aos direitos dos credores, que foram aprimoradas levando em consideração a profunda crise econômica mundial provocada pela pandemia, trazem considerações relevantes sobre o tema. Segundo elas, os sistemas jurídicos devem garantir (1) o *discharge*, com a liberação das dívidas dos empresários individuais de boa-fé, após a decretação da falência, mediante a implementação de um sistema que envolva custos reduzidos e menos formalidades; (2) a presunção de boa-fé dos devedores, garantindo, no entanto, aos credores e demais interessados a possibilidade de questioná-la; (3) o *discharge* como regra para dívidas pessoais e empresariais sujeitas aos processos de insolvência, mantendo-se apenas livre dele exceções pontuais; (4) o encorajamento ao empreendedorismo com o *fresh start*, mediante a estipulação de um curto período de tempo para o *discharge*, de modo a reduzir o estigma do devedor insolvente; e (5) a extinção das dívidas após o *discharge*, com a redução ou cancelamento das medidas que representem a desqualificação da pessoa física ("*personal disqualification*").

5. UMA POSSÍVEL ABORDAGEM MAIS HUMANA E EFICIENTE À INSOLVÊNCIA DO INDIVÍDUO

Como dito, a profunda crise econômica causada pela pandemia trouxe a necessidade de voltarmos nosso olhar à situação dos devedores em geral, respeitando as particularidades e os diversos níveis de complexidade e situações que se apresentam, seja para as empresas, seja para os consumidores, seja para os indivíduos em suas relações em geral. O tema é desafiador, e requer um esforço conjunto do poder legislativo, dos diversos credores e partes afetadas, do poder judiciário e da sociedade como um todo.

Engajar investidores nesse processo é parte essencial. Não há investimento e aplicação de recursos na economia de um país sem que haja confiança de retorno, e isso acontece quando as instituições funcionam bem, e de forma previsível. Em outras palavras, deve-se estabelecer leis eficientes e garantir a sua plena aplicação, por meio de um poder judiciário especializado no tema, previsível e transparente em suas decisões.

Nesse contexto, o devedor contumaz, imbuído de má-fé, deve ser punido. A conduta do calote deverá ser coibida, já que é contrária a esse ambiente favorável a investimentos sólidos e comprometidos com o crescimento econômico do país.

31. Vide artigo "O *fresh start* empresarial – a extinção das obrigações do falido na Lei 14.112/2020" de COSTA, Thiago Dias e AZZONI, Clara Moreira. In: VASCONCELOS, Ronaldo; PIVA, Fernanda; BRAGANÇA, Gabriel José de Orleans e; HANESAKA, Thaís D'Angelo da Silva e SANT'ANA, Thomaz Luiz (Coord.). *Reforma da Lei de Recuperação e Falência* – Lei 14.112/2020 / coord. De São Paulo: Iasp, 2021.
32. Disponível em: https://openknowledge.worldbank.org/handle/10986/35506.

Em paralelo, não há dúvida de que o sistema deve também criar condições para a reabilitação dos insolventes de boa-fé em geral. A legislação deve prever mecanismos eficientes para reduzir as barreiras de acesso a uma recuperação definitiva do devedor, com o encerramento definitivo do estado de crise e o seu retorno às atividades, ajudando com isso o giro da economia e favorecendo os investimentos, como recomenda o Banco Mundial.

O racional vale para as pessoas físicas: é imprescindível que o sistema abarque um tratamento eficiente para o seu endividamento, que penalize os maus devedores, mas que efetivamente recupere aqueles que erraram de boa-fé. Da mesma forma, a punição dos maus devedores deverá ser proporcional ao dolo praticado e deverá necessariamente observar um limite temporal. A pena perpétua não faz sentido nesse contexto.

A malfadada insolvência civil naufragou nessa tarefa, como se viu.

No entanto, a Lei do Superendividamento, somada às novas disposições da LRF e à experiência adotada em outros países, começam a trazer uma nova luz à questão:

- *Lei do Superendividamento:* a introdução do princípio constitucional da dignidade humana e da necessidade de garantir ao consumidor um mínimo existencial durante o processo de equacionamento do endividamento são paradigmáticos. Isso abre importantes espaços de compreensão e diálogo ao consumidor em crise, que passa a ter direito a uma educação financeira, a uma política de prevenção ao endividamento, e a um processo de negociação coletiva com os credores, que pode se tornar compulsório para os credores. Apesar disso, fica ainda faltando na lei dispositivos eficientes que garantam o direito a uma solução sob medida para a capacidade de pagamento do consumidor de boa-fé endividado e o *discharge*, com a possibilidade de um recomeço condizente com sua dignidade humana.
- *Experiência internacional:* o *discharge* (retomada civil do insolvente) é um mecanismo regulamentado no *Bankruptcy Code* norte-americano que trata o processo de insolvência civil não como um sistema de punição eterna ao insolvente, que fica excluído da vida civil, mas que permite o retorno célere do devedor ao mercado, como um agente econômico que é.
- *Experiência brasileira:* a LRF, claramente inspirada no modelo norte-americano, evoluiu ao modificar marcos temporais importantes para a extinção das obrigações do falido, de modo que o processo possa fluir sem representar um ônus perpétuo a ele. A atual dicção legal ratifica que é desejo do legislador que a retomada da vida civil ocorra de maneira célere, independente do processo de arrecadação e alienação judicial de bens.

No contexto atual, é anacrônico considerar como vigentes os marcos temporais da insolvência civil, que foram delineados antes da década de 1950 (que tinham como referência o final do processo de insolvência para início do prazo de reabilitação) e que não correspondem à atual orientação normativa sobre o tema.

Percebe-se inclusive que historicamente a intenção do legislador, ao incluir o marco inicial para cômputo prescricional da reabilitação da insolvência civil, era compatibilizá-lo à legislação falimentar vigente à época, abreviando-o de maneira benéfica ao insolvente.

Como constou da mensagem 210/1972[33], se o comerciante "tem direito à extinção das obrigações, decorrido o prazo de cinco anos contados do encerramento da falência (Lei 7.661, artigo 135, III), nenhuma razão justifica que o devedor civil continue sujeito aos longos prazos prescricionais, em cujo decurso fica praticamente inabilitado para a prática, em seu próprio nome, dos atos da vida civil".

Essa constatação é importante porque traduz a verdadeira intenção do legislador de compatibilizar os marcos da insolvência à mitigação dos seus efeitos devastadores.

Atualmente, inclusive, tramita perante o legislativo o Projeto de Lei ("PL") 4.857, de 2019, pautado no *fresh start*. O PL "Dispõe sobre plano geral de reorganização e regularização de dívidas de pessoas físicas e jurídicas não empresárias e institui o processo de recomeço econômico-financeiro" e "estabelece que a declaração de recomeço econômico-financeiro, se requerida pelo devedor, produzirá efeitos imediatamente a partir da sentença. A celeridade para que o devedor se livre das dívidas impagáveis é fundamental para o dinamismo da economia" [34].

Portanto, *histórica e atualmente*, conclui-se que a intenção do legislador quanto ao recomeço da vida civil do insolvente é a de que ela ocorra o quanto antes, sendo que o marco regulatório para o *fresh start* foi (e sempre deverá ser) adaptado à mitigação dos efeitos deletérios da insolvência civil, justamente o que não está sendo evitado na prática.

Apesar dessa intenção clara, o legislador permaneceu tímido ao tratar do tema.

A solução definitiva para o problema está no Congresso Nacional e no Poder Judiciário. No Congresso, bastaria incluir nas normas da insolvência civil uma disposição no sentido de que a extinção das obrigações do insolvente de boa-fé ocorrerá após três anos da entrega de seus bens ao administrador judicial, seguindo a recente alteração da LRF, o que não impediria a continuidade do processo de insolvência civil até que haja a distribuição aos credores dos valores arrecadados com a liquidação dos bens do insolvente. Isso sem prejuízo das bem-vindas normas da Lei do Superendividamento e da LRF.

Enquanto a alteração legislativa não vem, caberá ao poder judiciário o papel essencial de interpretar a insolvência civil em consonância com o atual sistema da insolvência, conjugando-a com os princípios constitucionais erigidos na Lei do Superendividamento e o novo sistema da LRF.

A título de exemplo, o Dr. Daniel Carnio, antes mesmo das recentes alterações legislativas sobre o assunto, decidiu que "Um dos principais objetivos da falência é quitar certas dívidas para dar a um devedor individual honesto um 'novo recomeço' [fresh start]"[35].

Mais a mais, a inaplicabilidade das regras literais da insolvência civil decorre da intepretação constitucional do dispositivo de lei e da reconstrução hermenêutica do valor

---

33. Disponível em: https://www2.senado.leg.br/bdsf/bitstream/handle/id/177828/CodProcCivil%201974.pdf?sequence=4&isAllowed=y.
34. Disponível em: https://www.camara.leg.br/proposicoesWeb/prop_mostrarintegra;jsessionid=D09C30B51FED9F586B8AA72E45AF0E0D.proposicoesWebExterno1?codteor=1810198&filename=Avulso+-PL+4857/2019.
35. Trecho da r. sentença proferida nos autos da falência 0042511-48.2016.8.26.0100, em trâmite perante a 1ª Vara de Falências e Recuperações Judiciais da Comarca de São Paulo – SP.

normativo por detrás da norma infraconstitucional, além da própria prática do poder judiciário, por exigência dos artigos 5º da LINDB e 8º do CPC[36]-[37].

Nesse sentido, a perspectiva constitucional do processo (seja ele de qual natureza for) exige uma adstrição a valores e princípios que tornarão a regra justa. A palavra justiça, a princípio contendo significado vago, ganha contornos concretos a partir da atividade jurisdicional[38] e dos princípios aplicáveis ao caso concreto. Espera-se, dos intérpretes, a construção do sentido do artigo de lei a partir da proteção de bens jurídicos essenciais[39], da concretização dos princípios correlatos e da Reconstrução de sentidos normativos por seus valores históricos, se ainda aplicáveis[40].

---

36. "Ao se interpretar a norma, deve-se procurar compreendê-la em atenção aos seus fins sociais e aos valores que pretende garantir (LINDB, art. 5º). O ato interpretativo não se resume, portanto, em simples operação mental, reduzida a meras inferências lógicas a partir das normas, pois o intérprete deve levar em conta o coeficiente axiológico e social nela contido, baseado no momento histórico em que está vivendo. Dessa forma, o intérprete, ao compreender a norma, descobrindo seu alcance e significado, refaz o caminho da 'fórmula normativa' ao 'ato normativo'; tendo presentes os fatos e valores dos quais a norma advém, bem como os fatos e os valores supervenientes, ele a compreende, a fim de aplicar em sua plenitude o 'significado nela objetivado'" (DINIZ, Maria Helena. *Lei de introdução às normas do direito brasileiro interpretada.* 19. ed. São Paulo: Saraiva, p. 169).
37. "... outra regra hermenêutica consagrada pelo legislador é a do art. 5º, que assim reza: Na aplicação da lei, o juiz atenderá aos fins sociais a que ela se dirige e às exigências do bem comum'. [...] nas expressões do dispositivo em apreço, vemos, antes de mais nada, a condenação legal do método *dogmático* ou *exegético.* Quanto à expressão *fins sociais*, pensamos que aí se pode divisar a adoção do pensamento de Alexandre Álvares, esposado por Bevilaqua, segundo o qual 'a aplicação da lei seguirá a marcha dos fenômenos sociais, receberá, continuamente, vida e inspiração do meio ambiente e poderá produzir a maior soma possível de energia jurídica' [...] é importantíssimo notar que as regras contidas já no art. 4º, já no art. 5º do estatuto introdutório em vigor nos permite averiguar que nosso legislador, direta ou indiretamente, mostrou consagrar uma orientação que, quando menos, se enquadra no sistema histórico-evolutivo, aliás o que mais profundas raízes encontra em nossa tradição jurídica" (FRANÇA, R. Limongi. *Hermenêutica Jurídica.* São Paulo: Ed. RT, 2015, p. 37-38).
38. "É, em razão de o intérprete poder adicionar algo à obra do legislador, que a hermenêutica adquire a sua essência construtiva. Segundo Ronald Dworkin, '*constructive interpretation is a matter of imposing purpose on an object or practice in order do make of it the best possible example of the form or genre to which it is taken to belong*' (Law's empire. Cambridge: Harvard University Press, 1995, p. 52). Em verdade, em uma perspectiva mais completa, pode-se afirmar que a tarefa de interpretação das regras e dos princípios jurídicos é marcada por *condicionantes interpretativas* (que se colocam no plano subjetivo, dizendo respeito à visão *de mundo do intérprete* e seus *preconceitos, prejuízos* e *pré-compreensões*) e por *determinantes hermenêuticos,* os quais se inserem no plano objetivo, sendo estabelecidos pelas dimensões *sintática* (a qual informa sobre as relações e possibilidades de combinações entre as regras e os princípios jurídicos), *semântica* (a qual expressa a *denotação* – i.e., o sentido lexical das palavras – e a *conotação* – i.e., o sentido contextual em que a palavra está inserida – das palavras) e, por fim, a dimensão *pragmática* (pela qual se busca as funções e fins das regras e princípios dentro do sistema jurídico: ou seja, a *axiologia* e a *teleologia normativas*)" (Carlos Antonio de Almeida Melo citado por Eduardo Cambri. *Jurisdição no processo civil.* Compreensão prática. Curitiba: Editora Juruá, 2012, p. 98-99).
39. "Por conseguinte, pode-se afirmar que o intérprete não só constrói, mas *reconstrói* sentido, tendo em vista a existência de significados incorporados ao uso linguístico e construídos na comunidade do discurso [...] o exposto também exige a substituição de algumas crenças tradicionais por conhecimentos mais sólidos: é preciso substituir a convicção de que o dispositivo identifica-se com a norma, pela constatação de que *o dispositivo é o ponto de partida da intepretação; é necessário ultrapassar a crendice de que a função do intérprete é meramente descrever significados, em favor da compreensão de que o intérprete reconstrói sentidos*, quer o cientista, pela construção de conexões sintáticas e semânticas, quer o aplicador, que soma àquelas conexões as circunstâncias do caso a julgar; *importa deixar de lado a opinião de que o Poder Judiciário só exerce a função de legislador negativo, para compreender que ele concretiza o ordenamento jurídico diante do caso concreto*" (ÁVILA, Humberto. *Teoria dos princípios, da definição à aplicação dos princípios jurídicos.* São Paulo: Malheiros, 2008, p. 33-34).
40. A doutrina de João Baptista Herkenholff, ao dispor sobre o método sociológico de interpretação das normas, ensina que "o processo sociológico conduz à investigação dos motivos e dos efeitos sociais da lei" e acrescenta que "os objetivos pragmáticos do processo sociológico de interpretação são: a) conferir a aplicabilidade das normas às relações sociais que lhe deram origem; b) estender o sentido da norma a relações novas, inexistentes ao tempo de sua criação; c) temperar o alcance do preceito normativo, a fim de fazê-lo corresponder às necessidades reais

E justamente a partir de todos esses elementos, o E. Tribunal de Justiça do Estado de São Paulo tem feito *interpretações conformes* ou, até mesmo, *interpretações a contrario sensu* em benefício da justiça e dos valores por detrás da norma. Um exemplo bastante claro disso em processos de insolvência estava na possibilidade de prorrogação do prazo do *stay period*[41] em processos de insolvência antes da reforma instituída na LRF como forma de garantir a efetividade do processo.

Mais a mais, em diversos julgados o Supremo Tribunal Federal revelou-se particularmente preocupado em defender e preservar a diretrizes constitucionais em detrimento de uma interpretação literal ou de uma norma descontextualizada. Nessa toada, quando o judiciário percebe a modificação do "*contexto normativo*", ele reconstrói a norma (ou a afasta pontualmente), buscando uma fundamentação condizente com um ideal de *justiça* (CF, art. 3º) e com os próprios valores perseguidos por determinada norma[42].

6. CONCLUSÃO

A conclusão, portanto, é que o endividamento da pessoa física deverá ser tratado por meio da interpretação conjugada da insolvência civil, da nova Lei do Superendividamento e da LRF. Isso tudo sob o viés hierárquico, sociológico e lógico-sistemático, a partir de novas condições ou efeitos sociais inexistentes ao tempo da formação da norma.

Nesse sentido, pelo que se viu acima, as normas da insolvência civil, erigidas no contexto de 75 (setenta e cinco) anos atrás, nunca pretendeu fazer do procedimento de insolvência uma pena perpétua ao devedor, o que deve ser levado em conta pelo julgador. Portanto, para que a dignidade humana dos devedores pessoas físicas seja restabelecida, diante do cumprimento de todos os seus deveres e responsabilidades perante o processo de origem, defende-se seja buscada a real finalidade da norma para o caso concreto, como

---

e atuais de caráter social; d) a regra contida na Lei de Introdução do Código Civil, em seu art. 5º, qual seja: na aplicação da Lei o juiz atenderá aos fins sociais a que ela se dirige e às exigências do bem comum" (*Como Aplicar O Direito*. 2. ed. Rio de Janeiro: Forense, 1986, p. 28-29).

41. Um dos efeitos legais do deferimento do processamento da recuperação judicial é a paralisação das execuções contra os devedores, na medida em que o crédito será novado. Nos termos da doutrina, a "*suspensão é motivada pela tentativa da lei de criar, com a recuperação judicial, um ambiente institucional para a negociação entre credores e devedor*" (SACRAMONE, Marcelo Barbosa. *Comentários à lei de recuperação de empresas e falência*. São Paulo: Saraiva, 2019, p. 78).

42. Este fenômeno chama-se derrotabilidade, A exemplo disso, o Min. Celso de Melo do Supremo Tribunal Federal ("STF"), por ocasião do julgamento do RE 269579 AgR/RS (doc. 7), em 27.9.2000, expressamente determinou que "A interpretação, qualquer que seja o método hermenêutico utilizado, tem por objetivo definir o sentido e esclarecer o alcance de determinado preceito inscrito no ordenamento positivo do Estado, não se confundindo, por isso mesmo, com o ato estatal de produção normativa. Em uma palavra: o exercício de interpretação da Constituição e dos textos legais – por caracterizar atividade típica dos Juízes e Tribunais - não importa em usurpação das atribuições normativas dos demais Poderes da República. Precedente". Nessa medida, o STF afastou a leitura fria e isolada de determinada lei, resultando na necessidade da "utilização de um raciocínio jurídico que admita que as normas são dotadas de exceções implícitas, e esse raciocínio é a derrotabilidade (defeasibility), ou seja, admite-se o afastamento da regra geral diante da evidente incompatibilidade entre a hipótese descritiva da norma e sua finalidade (mens legis)", porque isso conduziria à injustiça e à violação de princípios constitucionais imutáveis. Uma das hipóteses apreciadas pelo C. STF debruça-se sobre a continuidade da dependência econômica e extensão do benefício por pensão por morte até 24 anos ou conclusão do curso superior em que o pensionista se encontrar matriculado (RE 1.228.450/AM, rel. Min. Roberto Barroso, j. 12.09.2019).

forma de atualizar e dar maior abrangência ao instituto da insolvência civil, trazendo-a ao cenário político, econômico e jurídico condizente com o momento atual.

Espera-se, ainda, que novas normas sejam instituídas pelo legislador, de forma a permitir uma reestruturação definitiva do endividamento da pessoa física que seja condizente com sua real situação financeira. Diferentemente do calote, o que se pretende é reabilitar o devedor, trazendo-o de volta à sociedade como agente econômico, o que não só beneficia a economia como um todo, mas representa um tratamento mais condizente com a sua dignidade humana.

7. REFERÊNCIAS

ÁVILA, Humberto. *Teoria dos princípios, da definição à aplicação dos princípios jurídicos*. São Paulo: Malheiros, 2008.

BESSA, Leonardo Roscoe. *Código de Defesa do Consumidor Comentado*. São Paulo: GEN, 2020.

COSTA, Daniel Carnio. O fresh start no novo sistema de insolvência empresarial brasileiro *Revista do Advogado da AASP* n. 150, p. 8-14, São Paulo, 2021.

COSTA, Thiago Dias e AZZONI, Clara Moreira. O *fresh start* empresarial – a extinção das obrigações do falido na Lei 14.112/2020. In: VASCONCELOS, Ronaldo; PIVA, Fernanda; BRAGANÇA, Gabriel José de Orleans e; HANESAKA, Thaís D'Angelo da Silva e SANT'ANA, Thomaz Luiz (Coord.). *Reforma da Lei de Recuperação e Falência* – Lei 14.112/2020 São Paulo: Editora Iasp, 2021.

DINIZ, Maria Helena. *Lei de introdução às normas do direito brasileiro interpretada*. 19. ed. São Paulo: Saraiva, 2015.

FRANÇA, R. Limongi. *Hermenêutica Jurídica*. São Paulo: Ed. RT, 2015.

GROSS, Karen. *Failure and forgiveness* – Rebalancing the bankruptcy system. New Haven, Yale University Press, 1997.

NUNES, Rizzatto. *Comentários ao Código de Defesa do Consumidor*. 8. ed. São Paulo: Saraiva, 2014.

SACRAMONE, Marcelo Barbosa. *Comentários à lei de recuperação de empresas e falência*. São Paulo: Saraiva, 2019.

A RECUPERAÇÃO DOS CLUBES DE FUTEBOL

Paulo Roberto Bastos Pedro

Doutorando em Direito Desportivo pela PUC/SP e Mestre em Direito pela FMU/SP. Professor de Direito Empresarial da FMU/SP e do Curso Fórum/RJ. Advogado e Administrador Judicial de Recuperações e Falências.

1. O FUTEBOL NO BRASIL

O futebol foi inventando pelos ingleses, sendo as primeiras regras elaboradas em 1848 pela Cambridge University Association Football Club, tendo sido trazido para o Brasil em 1894 pelo paulista Charles Miller, sendo então praticado no Estado de São Paulo, principalmente por clubes da denominada elite paulistana.

O primeiro campeonato paulista foi disputado em 1902, e tinha 5 (cinco) clubes participantes: C.A. Paulistano, São Paulo A.C., A.A. Mackenzie College, S.G. Germânia e S.C. Internacional.

Já no Rio de Janeiro, o primeiro campeonato de futebol ocorreu em 1906 com a participação de 8 (oito) clubes.

Em um primeiro momento, o futebol começou a ser praticado por clubes que já existiam e que tinham como objetivo proporcionar o lazer de seus associados, muitos destes clubes tinham como atividades principais outras modalidades desportivas, como o "cricket", jogo tipicamente inglês e que definitivamente não caiu no gosto dos brasileiros, além de esportes aquáticos como natação, remo, sendo, neste caso o futebol, mais uma modalidade a ser exploradas pelos associados dos clubes existentes.

O futebol era definitivamente esporte das denominadas "elites" da época, afinal, apenas os membros daqueles clubes é que praticavam este esporte, não sendo até então, um esporte considerado "popular".

Com o passar do tempo, o futebol passou a ser também praticado por imigrantes que trabalhavam em fábricas, contribuindo assim para a "popularização" desta prática.

Em 1910 nosso país recebeu a visita de um clube inglês, seu nome Corinthian Casuals F.C., que devido as grandes exibições em solo brasileiro, motivou a criação do primeiro time de futebol popular, batizado de Sport Club Corinthians Paulista, passando a ser o primeiro clube popular do país.

O futebol começou então a se tornar um esporte popular, difundindo a sua prática por todas as classes de nossa sociedade, tendo em vista o baixo custo para a sua prática.

2. CLUBES DE LAZER E DE FUTEBOL, AS MUDANÇAS NAS FONTES DE RECEITAS

Com o passar dos anos o futebol passou a ganhar cada vez mais importância no cotidiano do povo brasileiro, se popularizando a cada ano, passando a ser praticado por clubes mais populares, mas ainda assim, na grande maioria, clubes, locais onde famílias inteiras se reuniam para momentos de lazer, tendo ainda o clube para torcer.

O grande número de associados representava para os clubes importante receita, utilizada pelo futebol também, todavia, com o passar dos anos os clubes passaram a ter cada vez mais torcedores e cada vez menos associados, haja vista a mudança no comportamento das sociedades, principalmente nas grandes metrópoles.

O trânsito das grandes cidades, a criação de condomínios de prédios com áreas de lazer fez com que clubes deixassem de ter tantos associados como outrora, o que de certa forma, alterou a captação de recursos e o fluxo de caixa destes clubes, sendo certo que importante receita, ou seja, a manutenção dos associados, acabou diminuindo para muitos clubes e para outros simplesmente inexistindo.

Alguns clubes, na atualidade, têm na manutenção do espaço para associados mais despesas do que receitas, retirando do futebol parte dos recursos para o pagamento destas despesas, em latente inversão de caixa, afinal, no passado, o clube social por anos sustentou o futebol, sendo que na atualidade, em alguns clubes, o futebol atua como o financiador do clube social.

Durante muitos anos, além das receitas geradas pelos associados, outras fontes de receitas se mostravam importantes, como as transações de atletas profissionais e as arrecadações com bilheterias de jogos, sendo estas duas últimas, a principais receitas dos clubes na década de 70.

Nos anos 80 outras fontes de receitas passaram a existir, pois, os clubes de futebol começaram a se utilizar do patrocínio de empresas que associavam suas marcas a estes clubes, popularizado as marcas, mas deixando as camisas dos clubes "poluídas" para aqueles torcedores mais saudosistas, que preferiam os uniformes "limpos", sem nenhum anúncio publicitário, todavia, o patrocínio de camisa se mostrou uma importante fonte para a geração de receitas.

Os anos 80 também marcaram o início do fornecimento de materiais esportivos por empresas fabricantes destes produtos, sendo em um primeiro momento contrato de fornecimento dos materiais, sem custo para os clubes, todavia, com a exposição da marca dos fabricantes nos uniformes das agremiações, no entanto, para alguns clubes mais populares, isso se mostrou no futuro a captação de receitas, além do fornecimento de materiais.

Também nos anos 80, outro item passou a integrar as receitas dos clubes de futebol, trata-se dos direitos de transmissão de jogos destes clubes, assim como nas transações de atletas, as cifras pagas se mostram cada vez maiores, representando, na atualidade, a principal fonte de receitas de muitos clubes, principalmente no cenário nacional.

A partir dos anos 90 outras receitas passaram a fazer parte do balanço dos clubes, como os produtos licenciados, tais como materiais escolares, bens de cutelaria, artigos de vestuários, artigos esportivos, bebidas, alimentos, dentre outros.

Na atualidade, os clubes de futebol no Brasil descobriram outra fonte de receita cada vez mais utilizada, são os programas para fidelização de torcedores denominados de "sócios torcedores", aqueles que são considerados parceiros dos clubes e não simples torcedores ou simpatizantes, não se enquadram na categoria de sócios dos clubes, visto que a aquisição do título de "sócio torcedor" não permite a estes o ingresso nos espaços sociais dos clubes (piscina, sauna, quadras), mas, lhes garante preferência para a compra de ingressos para as partidas de futebol.

Os principais clubes brasileiros têm hoje no programa de "sócio torcedor" uma importante fonte de receita para seu caixa, associadas aos valores cobrados para que estes torcedores possam acompanhar os jogos de seus clubes dentro de estádios ou arenas esportivas.

Entendemos que na atualidade, aqueles outrora tratados como torcedores, adquiriram o "status" de consumidores de um produto, cada vez mais complexo, com diversas fontes de geração de recursos financeiros.

Ou seja, uma entidade esportiva pratica diversas modalidades contratuais, com diversos parceiros comerciais, com os mais variados objetos e objetivos, seja como forma de divulgação dos parceiros, mas, também como um mote necessário à sua sobrevivência econômica e financeira.

Assim, cada vez mais evidente que as entidades organizadoras de práticas esportivas, sejam federações, clubes e associações, são pertencentes ao mundo dos grandes negócios corporativos, deixando aquele amadorismo de outrora para os bons contos de antigamente.

Os clubes de futebol na atualidade buscam receitas na venda de atletas profissionais, na venda dos direitos de transmissão dos jogos, no patrocínio de camisas, que na atualidade contempla não apenas o peitoral (chamado patrocinador master), mas também costas da camisa, barra inferior frontal e barra inferior costas, ombros, mangas de camisas, calção e meias.

Também existem os patrocínios diversos como painéis de coletivas de atletas e membros da comissão técnica e direção do clube, placas publicitárias nos dias de treinamentos e jogos, venda do nome do estádio denominado "naming rights", venda de setores do estádio denominada "sector rights", venda de espaços de camarotes nos estádios e arenas, dentre outros produtos.

As breves constatações acima demonstram que um clube de futebol representa na atualidade, muito mais do que uma mera associação destinada a prática da principal modalidade esportiva do país, corroborando com uma expressão que já ouvimos diversas vezes, a de que o futebol na atualidade representa um grande negócio empresarial.

3. OS CONTRATOS COMERCIAIS E OS CLUBES DE FUTEBOL

Os contratos comerciais são em regra, aqueles realizados pelo empresariado, dentro do exercício de sua atividade, explicando a doutrina que:

> "São comerciais os contratos que se celebram nas atividades mercantis, reunindo, de um lado, empresários entre si, em relações de cunho institucional ou associativo (criação de sociedades, formação de associações ou de grupos econômicos ou jurídicos), ou organizacional (definição da estrutura da empresa, de participações contratuais ou societárias e outras) e, de outro, os empresários com os fornecedores ou os utentes dos bens ou dos serviços oferecidos, em relações de caráter operacional (venda de bens, prestação de serviços, financiamentos, locações e outros negócios jurídicos cabíveis, em razão do gênero de atividade)"[1].

Ou seja, os contratos comerciais são aqueles praticados por empresários com os mais variados objetivos, como o escoamento de produtos, a aquisição de bens, a constituição de parcerias, a participação societária, a cessão de produtos, a cessão do uso de marca, o licenciamento de produtos, dentre outros.

A respeito dos contratos comerciais no esporte, acima fizemos um breve relato sobre a mudança das fontes arrecadatórias e geradoras de valores para os clubes de futebol principalmente.

Todavia, não podemos deixar de destacar os contratos que envolvem verdadeiras parcerias entre empresários e agremiações ou clubes esportivos, muito comum em nosso país para algumas modalidades olímpicas.

Tomemos como exemplo a Superliga Banco do Brasil de vôlei, onde o nome do campeonato já contém vinculação com uma pessoa jurídica que não é uma entidade esportiva, sendo certo que analisando o nome dos times verifica-se parcerias entre empresas/clubes, prefeituras/clubes e associações/clubes.

Logo, a prática esportiva e seus participantes estão vinculados a um emaranhado de contratos de natureza comercial, fazendo com que o campeão de um determinado campeonato tenha o nome de um creme dental, ou mesmo de um suco, ou um banco de varejo.

Voltando ao futebol, Daniel Cravo Souza e Paula de Castro Moreira Sordi, citando Clifford J Hendel explicam que:

> "o futebol, como esporte em geral, estrutura-se sobre uma ampla gama de relações internacionais, envolvendo atletas, treinadores, clubes, federações, agentes e empresas, além de outros *stakeholders*. A prática desportiva foi afetando, em razão do processo de globalização e comercialização pelo qual tem passado, outras áreas da atividade humana, destacando-se o papel exercido pelos aspectos econômicos e sociais sobre essas relações".[2]

Como já mencionado, as entidades esportivas, principalmente aquelas vinculadas ao futebol, na atualidade, praticam diversos contratos, muitas vezes com outros agentes

---

1. BITTAR, Carlos Alberto. *Contratos comerciais*. Rio de Janeiro: Forense Universitária, 2008, p. 3.
2. HENDEL, Clifford J. Deportes, Deportes, negócios y arbitraje: globalización y convergência. apud TIMM, Luciano Benetti; MOSER, Luiz Gustavo Meira. *Arbitragem e mediação em propriedade intelectual, esportes e entretenimento*. Curitiba: Appris, 2014, p. 63.

econômicos até de países diversos, principalmente envolvendo transações de atletas profissionais.

A gestão esportiva, na atualidade, tem realizado negócios cada vez mais complexos e com especificidades referentes ao produto/negócio envolvido.

Podemos afirmar que os contratos têm objetivos econômicos, que visam a lucratividade daquelas entidades desportivas, evidentemente, que a lucratividade não será distribuída entre os membros da associação, devendo a lucratividade ser reinvestida na própria atividade desportiva.

4. OS CLUBES DE FUTEBOL E O EXERCÍCIO DA ATIVIDADE ECONÔMICA

Nos parágrafos acima procuramos demonstrar que os clubes de futebol, nos últimos anos, passaram a buscar receitas monetárias em diversos negócios, sendo parte integrante de contratos tipicamente empresariais, cada vez mais complexos.

A novel legislação da Sociedade Anônima do Futebol (S.A.F.) admite que os clubes praticantes de atividades dedicadas ao fomento e a prática do futebol exercem atividade econômica, o que poderá ensejar o pedido de recuperação judicial que veremos mais adiante.

No entanto, defendemos que a prática de atividade econômica já ocorre nas agremiações esportivas de auto rendimento.

A despeito do exercício de atividade econômica a doutrina de Fabiano Del Masso explica:

> "... a atividade econômica corresponde a todo ato de produção e consumo de bens e serviços, cuja finalidade é a satisfação das ilimitadas necessidades humanas...".[3]

Ou seja, de acordo com a doutrina acima citada, por estarem as entidades esportivas vinculadas ao fomento e prática do futebol, exercem, portanto, atividade econômica, tendo em vista que organizam todos os fatores de produção necessários a atividade, para a prática permanente, da atividade esportiva.

Assim como o empresário conceituado no art. 966 do Código Civil, os tradicionais clubes de futebol, principalmente aqueles das principais divisões do futebol, exploram suas atividades econômicas com profissionalismo e organizando os fatores de produção necessários as suas atividades, não precisando, em nosso entender, sequer da transformação em sociedades anônimas.

Como já mencionamos anteriormente, a diferença crucial está no fato de as associações, no caso aquelas destinadas a atividade desportiva do futebol, deverá destinar os seus lucros em suas próprias atividades, ou seja, reinvestir a lucratividade no próprio objeto jurídico da sociedade, não podendo repartir os lucros entre os integrantes da associação civil.

3. DEL MASSO, Fabiano, *Direito Econômico*. Rio de Janeiro: Elsevier, 2007, p. 02.

Ou seja, defendemos que os clubes de futebol profissional possuem o elemento de empresa previsto no parágrafo único do art. 966 do Código Civil:

> Art. 966. Considera-se empresário quem exerce profissionalmente atividade econômica organizada para a produção ou a circulação de bens ou de serviços.
>
> Parágrafo único. Não se considera empresário quem exerce profissão intelectual, de natureza científica, literária ou artística, ainda com o concurso de auxiliares ou colaboradores, *salvo se o exercício da profissão constituir elemento de empresa*. (g.n.)

Em que pese a forma societária da maioria dos clubes de futebol ser o modelo associativo, defendemos a existência do elemento de empresa, tendo em vista que em grande parte destas agremiações, denota-se a existência de estruturas empresariais com a presença de diretoria financeira, diretoria administrativa, diretoria jurídica, diretoria de marketing, dentre outras, com clara organização administrativa.

Sempre bom lembrarmos as lições de Sylvio Marcondes:

> "Parece um exemplo bem claro a posição do médico, o qual, quando opera, ou faz diagnóstico, ou dá a terapêutica, está prestando um serviço resultante da sua atividade intelectual, e por isso não é empresário. Entretanto, se ele organiza fatores de produção, isto é, une capital, trabalho de outros médicos, enfermeiros, ajudantes etc., e se utiliza de imóvel e equipamentos para a instalação de um hospital, então o hospital é empresa e o dono ou titular desse hospital, seja pessoa física, seja pessoa jurídica, será considerado empresário, porque está, realmente, organizando os fatores da produção, para produzir serviços."[4]

Nesse sentido, defendemos que os clubes profissionais organizam o capital (que em alguns casos representa quantia bem substancial), bem como atividades de diversos profissionais (de finanças, contabilidade, marketing, jurídico, da atividade esportiva como treinadores, preparadores físicos, médicos, fisioterapeutas, fisiologistas, dentre outros) para a participação em competições profissionais com premiação financeira, com envolvimento de diversos outros atores comerciais como patrocinadores e redes de transmissão de jogos, tudo isso de forma permanente, logo, trata-se sim, de atividade empresarial, em que pese a ausência de distribuição de lucros entre os sócios destas entidades esportivas.

5. AS ALTERAÇÕES LEGISLATIVAS DE 2021

O ano de 2021 tem sido de grandes alterações legislativas na matéria recuperacional e falimentar, tendo em vista as importantes alterações com o advento da Lei 14.112/2020, promulgada no apagar das luzes de 2020, que teve sua vigência a partir de 23.01.2021.

Outro exemplo disso é a importante alteração legislativa em vigor desde o último dia 06 de agosto com o advento da Lei 14.193/2021 que introduziu regras sobre a sociedade anônima do futebol, possibilitando aos clubes a sua transformação em Sociedade Anônima e introduzindo importantes regras de organização, além de trazer instrumentos que vão muito além da criação da SAF (Sociedade Anônima do Futebol).

4. MARCONDES, Sylvio. *Questões de Direito Mercantil*. São Paulo: Saraiva, 1977, p. 11.

6. A SUPERAÇÃO DA CRISE DOS CLUBES DE FUTEBOL

A novel legislação da Sociedade Anônima do Futebol (S.A.F.) admite que o clube (associação civil regida pela L. nº 10.406/2002 dedicada ao fomento e a prática do futebol), bem como a pessoa jurídica original, que compreende a sociedade empresarial dedicada ao fomento e a prática do futebol, terão modos jurídicos diferenciados de quitação de suas obrigações.

Nesse sentido dispõe o artigo 13 da Lei 14.193/2021:

> Art. 13. O clube ou pessoa jurídica original poderá efetuar o pagamento das obrigações diretamente aos seus credores, ou a seu exclusivo critério:
>
> I – pelo concurso de credores, por intermédio do Regime Centralizado de Execuções previsto nesta Lei; ou
>
> II – por meio de recuperação judicial ou extrajudicial, nos termos da Lei 11.101, de 9 de fevereiro de 2005.

Verifica-se que a legislação contém especial preocupação com as obrigações que as entidades desportivas possuem, trazendo a possibilidade de regimes diversos de recuperação de suas atividades para a continuação de suas atividades esportivas.

6.1 Do regime centralizado de execuções

A nova legislação permite aos clubes de futebol, independentemente de transformação em sociedade anônima, a possibilidade de centralizarem todas as suas execuções (cobranças de seus credores) trabalhistas e comuns em um único processo, submetendo os credores a um plano apresentado pelo clube, evitando assim diversas penhoras, seja em suas contas bancárias, nas receitas com patrocinadores e federações, bem como nas negociações dos direitos de transmissão das partidas de futebol, importante receita como já frisamos, além das rendas oriundas das bilheterias dos jogos de futebol, dentre outras, conforme previsão do art. 14 da Lei 14.193/2021.

De acordo com a nova legislação, será permitido que os clubes de futebol façam requerimentos diretamente aos Tribunais, de acordo com suas organizações judiciais, apresentando um plano de pagamento seus credores, nos termos do art. 15 da Lei 14.193/2021.

Os clubes que aderirem ao Regime Centralizado de Execuções poderão destinar até 20% (vinte por cento) das receitas correntes mensais para pagamento dos credores inseridos no plano (trabalhistas e civis), conforme previsão do art. 13, I, cumulado com o art. 10, § 1º da Lei 14.193/2021.

A legislação admite que o Poder Judiciário deverá conferir prazo de 6 anos para o pagamento dos credores, conforme o disposto no art. 15 da Lei 14.193/2021.

Porém, este prazo poderá ser prorrogado, caso, comprove o clube ao final dos 6 anos o pagamento de ao menos 60% do seu passivo, hipótese que será permitida uma prorrogação pelo prazo de mais 4 anos para o pagamento do saldo remanescente, ou seja, o clube poderá pagar as suas obrigações trabalhistas e civis dentro do prazo de até 10 anos, conforme ensina o art. 15, § 2º da Lei 14.193/2021.

As novas regras permitirão aos clubes de futebol a possibilidade de equacionar suas obrigações com credores, evitando a penhora de suas receitas e possibilitando um enxugamento de suas dívidas, proporcionando assim a geração de caixa para o exercício de suas atividades esportivas.

Alguns clubes já buscaram procedimentos semelhantes com grande sucesso, como por exemplo a Associação Portuguesa de Desportos, que recentemente conseguiu adequar o seu Ato Trabalhista (execução trabalhista coletiva) firmado em 2020, para os limites e prazos da novel legislação[5].

Outro bom exemplo é o Botafogo Futebol Clube (o Fogão da cidade de Ribeirão Preto), que em 2018 formalizou Ato Trabalhista[6] onde conseguiu equalizar o seu passivo laboral e por conta do saneamento das obrigações, posteriormente, constituiu uma Sociedade por Ações em que o clube detém 60% das ações, e, portanto, o poder de controle da companhia que cuida do futebol, conseguindo vender as demais ações para um investidor, que na atualidade detém 40% das ações da companhia.

Em resumo, os clubes de futebol (associações civis voltadas a prática do futebol), as sociedades empresarias que tenham por objeto as atividades do futebol, bem como as sociedades anônimas do futebol (S.A.F.) poderão proporcionar a quitação das obrigações junto aos credores, dentro de um prazo de até 10 anos e com o comprometimento de apenas 20% das receitas mensais, ou seja, os clubes que cumprirem o plano de pagamento, não terão penhoras por uma década, podendo neste período angariar com mais facilidades os investimentos, se mostrando o regime centralizado de execuções um grande instrumento de superação de crise e equacionamento de obrigações com credores trabalhistas e das dívidas de natureza civil.

6.2 Da recuperação judicial e extrajudicial dos clubes de futebol

Muito além de um parcelamento das obrigações de natureza civil e trabalhista, possui a legislação a previsão da possibilidade do pedido de recuperação judicial e extrajudicial dos clubes ou pessoa jurídica original.

Nesse sentido dispõe o artigo 25 da Lei 14.193/2021:

> Art. 25. O clube, ao optar pela alternativa do inciso II do caput do art. 13 desta Lei, e por exercer atividade econômica, é admitido como parte legítima para requerer a recuperação judicial ou extrajudicial, submetendo-se a Lei nº 11.101, de 9 de fevereiro de 2005.
>
> Parágrafo único. Os contratos bilaterais, bem como os contratos de atletas profissionais vinculados ao clube ou pessoa jurídica original não se resolvem em razão do pedido de recuperação judicial e extrajudicial e poderão ser transferidos à Sociedade Anônima do Futebol no momento de sua constituição.

A novel legislação, admite expressamente a possibilidade dos clubes de futebol, sejam associações civis voltadas ao futebol, sociedades empresárias que tenham por objeto a prática do futebol (Soc. Limitada por ex.), ou mesmo, as Sociedades Anônimas do Futebol (S.A.F) se utilizarem das medidas de recuperação da Lei 11.101/2005 para a superação do estado de crise econômica e financeira, conforme entendimento do art. 25 da Lei 14.193/2021.

5. Processo n. 1000064-79.2021.5.02.0000 do Tribunal Regional do Trabalho da 2ª Região.
6. Processo n. 0010873-23.2017.5.15.0066 do Tribunal Regional do Trabalho da 15ª Região.

A despeito dessa possibilidade, defendemos já há algum tempo que os clubes de futebol, mesmo aqueles constituídos sob a forma de associação civil, poderiam se utilizar dos instrumentos Recuperacionais existentes, tendo em vista o exercício de atividade econômica organizada, como já mencionamos neste texto.

A Lei 9.615/1998, intitulada Lei Pelé, desde a sua redação passou por algumas alterações, sendo que em uma destas, o art. 27, § 13, passou a prever que as entidades de práticas desportivas participantes de competições profissionais são equiparadas as sociedades empresárias, independentemente da forma adotada:

> Art. 27. As entidades de prática desportiva participantes de competições profissionais e as entidades de administração de desporto ou ligas em que se organizarem, independentemente da forma jurídica adotada, sujeitam os bens particulares de seus dirigentes ao disposto no art. 50 da Lei 10.406, de 10 de janeiro de 2002, além das sanções e responsabilidades previstas no caput do art. 1.017 da Lei 10.406, de 10 de janeiro de 2002, na hipótese de aplicarem créditos ou bens sociais da entidade desportiva em proveito próprio ou de terceiros.
>
> § 13. Para os fins de fiscalização e controle do disposto nesta Lei, as atividades profissionais das entidades de que trata o caput deste artigo, independentemente da forma jurídica sob a qual estejam constituídas, equiparam-se às das sociedades empresárias.

Logo, entendemos que já há muito tempo as associações esportivas voltadas as atividades profissionais, como clubes profissionais, participantes das principais competições do desporto nacional são equiparadas as sociedades empresariais comuns, em que pese, a ausência de registro na Junta Comercial do Estado.

A equiparação as sociedades empresárias que acima trouxemos foi um dos argumentos do Tribunal de Justiça do Estado de Santa Catarina para reformar decisão de primeiro grau e admitir o deferimento do pedido de recuperação judicial do Figueirense Futebol Clube e do Figueirense Futebol Clube Ltda., trazendo a decisão à seguinte conclusão:

> "Concluo, portanto, que o fato de o primeiro apelante enquadrar-se como associação civil não lhe torna ilegítimo para pleitear a aplicação dos institutos previstos na Lei n. 11.101/2005, porquanto não excluído expressamente do âmbito da incidência da norma (art. 2º), equiparando as sociedades empresariais textualmente pela Lei Pelé e, notadamente, diante da sua reconhecida atividade desenvolvida em âmbito estadual e nacional desde 12.06.1921, passível de consubstanciar típico elemento de empresa (atividade econômica organizada)."[7]

Como podemos verificar, antes mesmo do advento da legislação, a possibilidade de recuperação dos clubes de futebol já era algo possível, no entanto, agora, o instituto possui reconhecimento da legislação.

Muito além do regime centralizado das execuções, que contém importante instrumento de liquidação dos credores, instrumentos como a recuperação judicial e extrajudicial poderão ser utilizados pelos clubes endividados para uma repactuação de suas obrigações com ferramentas utilizadas nos planos de recuperação judicial, permitindo aos clubes uma negociação com credores que seja muito mais abrangente do que uma mera distribuição de receitas mensais visando a quitação das obrigações.

7. TJSC, Apelação 5024222-97.2021.8.24.0023/SC, Rel. Des. Torres Marques, j. 18.03.2021.

Alguns instrumentos já utilizados em recuperações judiciais como a equalização de encargos financeiros, o pagamento das obrigações com deságio, o refinanciamento do passivo, a inclusão de carência para o início dos pagamentos, a venda parcial dos bens, assim como a emissão de valores mobiliários podem, a partir de agora, ser utilizados de forma objetiva pelos clubes de futebol visando a superação do estado de crise econômica e financeira.

Assim, entendemos que os clubes possuem a sua disposição mecanismos que poderão ser utilizados de forma muito mais eficientes do que um mero pagamento de obrigações pretéritas, podendo inclusive, utilizarem o regime de recuperação como fonte de captação de recursos no mercado, algo que poderia auxiliá-lo não apenas na superação da crise, mas, no exercício de sua atividade, obtendo maior poder financeiro para as disputas dos campeonatos, melhorias em suas estruturas físicas (estádios, arenas, centros de treinamentos, clube sociais) o que poderia atrair novos associados, patrocinadores e parceiros.

7. CONCLUSÃO

As alterações promovidas pela Lei 14.193/2021 mostram importante avanço da legislação a respeito da consolidação de possibilidade de entidades esportivas vinculadas ao futebol terem a sua disposição instrumentos que poderão ser utilizados na superação de um estado de crise, bem como no desenvolvimento e aprimoramento de suas atividades.

Entendemos que a legislação poderia abranger até outras modalidades esportivas e ser extensiva a outros clubes, que, como mencionado no artigo, tiveram nos últimos anos uma elevada redução de contribuintes em seus quadros associativos, necessitando por vezes da captação de recursos para melhoramento de suas instalações, criando assim um cenário mais adequado para a busca de novos associados.

Porém, embora o instrumento da recuperação judicial possa auxiliar os clubes na superação da crise, também poderão ensejar a falência destas instituições, afinal, se o clube descumprir algum dos elementos legislativos como deixar de apresentar o plano de recuperação judicial no prazo legal (art. 73, II, da LRF), ter seu plano rejeitado pela assembleia geral de credores (art. 73, I, da LRF) ou descumprir o plano de recuperação judicial aprovado pelos credores (art. 73, IV, da LRF), a estas entidades desportivas não haverá outro caminho, senão, a falência.

Nesse sentido, o instituto recuperacional poderá deixar de ser a tábua de salvação, para se transformar no elemento de liquidação coletiva e encerramento das atividades da entidade desportiva.

Finalmente, esperamos que a criação legislativa, bem como as alterações ocorridas na legislação de recuperações e falências, possam auxiliar os clubes de futebol na superação do estado de crise econômico-financeira, também proporcionando um melhor ambiente para renegociação entre as entidades esportivas devedoras e seus credores, seja no regime centralizado de execuções, seja na recuperação judicial ou extrajudicial, em todas, sob a fiscalização do Poder Judiciário e do Administrador Judicial da recuperação quando for o caso.

8. REFERÊNCIAS

BEZERRA FILHO, Manoel Justino. *Lei de Recuperação de Empresas e falência*: Lei 11.101/2005: comentada artigo por artigo. 12. ed. rev., atual. e ampl., São Paulo: Ed. RT, 2017.

BITTAR, Carlos Alberto. *Contratos comerciais*. Rio de Janeiro: Forense Universitária, 2008.

CAMPINHO, Sérgio. *Falência e Recuperação de empresa*: O novo regime da insolvência empresarial. Rio de Janeiro: Renovar, 2008.

COELHO, Fábio Ulhôa. *Comentários a lei de falências e de recuperação de empresas*. São Paulo: Saraiva, 2021.

DEL MASSO. Fabiano. *Direito Econômico*. Rio de Janeiro: Elsevier, 2007.

MARCONDES, Sylvio. *Questões de Direito Mercantil*. São Paulo: Saraiva, 1977.

SACRAMONE, Marcelo Barbosa. *Comentários a lei de recuperação de empresas e falência*. São Paulo, Saraiva Educacional, 2018.

SACRAMONE, Marcelo Barbosa. *Comentários a lei de recuperação de empresas e falência*. 2. ed. São Paulo: Saraiva 2021, (formato ebook).

TIMM, Luciano Benetti; MOSER, Luiz Gustavo Meira. *Arbitragem e mediação em propriedade intelectual, esportes e entretenimento*. Curitiba: Appris, 2014.

DA VERIFICAÇÃO E DA HABILITAÇÃO DE CRÉDITO

José Nazareno Ribeiro Neto

Advogado e especialista em Recuperação de Empresas e Falência pela Fadisp, atuando há quase 15 anos em feitos falimentares e recuperacionais.

Valdor Faccio

Contador, também especialista em Recuperação de Empresas e Falência pela Fadisp, trabalhou no Banco Central do Brasil, foi coordenador de Fiscalização Bancária. Aposentado foi nomeado em diversas liquidações de instituições financeiras, e depois de 2010, administrador judicial de recuperações judiciais e falências, tendo participado do 1º Seminário sobre Fraude Internacional e Recuperação de Ativos e Cooperação Transnacional de Insolvência, da Escola Superior de Magistratura de São Paulo. No exterior, participou dos seminários *Les Enjeux Juridiques dans l'Union Européene*, promovido pela Université Paris 1 Panthéon-Sorbonne, *International Bankruptcy Program*, ministrado na *California Western School of Law*, *Commercial Insolvency and English Law*, da Oxford University, o Seminário Internacional de Planejamento da Recuperação e da Resolução Bancária, do Banco Central do Brasil.

1. INTRODUÇÃO

Um pensamento consolidado em uma frase permeia todo o célebre romance *Il Gattopardo*, de Tomasi di Lapedusa, escritor italiano nascido em 1896: "tudo deve mudar para que tudo fique como está".

Por mais paradoxal que pareça à primeira vista, tal pensamento também deve ser aplicado ao Direito. Isso porque, sua realidade deve ser a mutação, não apenas para se adequar aos novos tempos como também, para ditar as regras que manteriam (ou deveriam manter) a sociedade em trilhos que lhe garantam a civilidade necessária a sua evolução.

Logo, o ordenamento jurídico não deve mudar para que tudo fique como está, mas sim, deve mudar para que continue... *mudando*, que é seu estado original, o que se enquadra perfeitamente na citação em destaque.

Somente após alguma alteração/evolução, pode o Direito decantar, mas apenas para que seus operadores possam apurar o que funcionou, o que não funcionou, bem como, as evoluções sociais que exigirão outras alterações ou correções de curso que sequer haviam ou poderiam ter sido imaginadas anteriormente.

Por mais clichê que pareça, o mundo de março de 2020 não existe mais, e isso é particularmente verdade no que tange ao direito recuperacional e falimentar, vez que o advento da Lei 14.112, em dezembro de 2020, alterou de tal maneira a Lei 11.101/05, que esta chega quase a ser uma nova lei.

Não obstante, o Comunicado CG 876/2020 do Tribunal de Justiça do Estado de São Paulo – TJSP, disponibilizado no DOE em 8 de setembro de 2020, visando unificar os procedimentos por parte dos administradores judiciais, modificou profundamente sua atuação nos feitos recuperacionais e falimentares, de forma a integrá-los ainda mais à rotina das varas, legitimando e regulamentando uma parceria bastante comum perante os juízos especializados, nesta empreitada complexa que é a condução de tais processos.

Embora tais alterações já angariem elogios e críticas, somente daqui algum tempo poderemos afirmar com certeza, quais alterações de fato, aperfeiçoaram a prática jurídica e quais não passaram nem perto de atingir seus objetivos, além daquelas que foram inexplicavelmente tímidas, perto das questões que deveriam ter enfrentado.

Contudo essa é uma discussão essencialmente futura que ainda deverá passar pelo crivo da prática. Por ora, se para o bem ou para o mal, o Direito Recuperacional e Falimentar brasileiro mudou, e, justamente, para que possa continuar mudando...

2. DO EDITAL CONTENDO A RELAÇÃO DE CREDORES DO DEVEDOR

De acordo com a Lei 11.101/05, as disposições referentes à verificação e à habilitação de crédito, constantes em seus artigos 7º a 20 (Seção II – Da Verificação e da Habilitação de Créditos), servem tanto aos feitos recuperacionais quanto aos falimentares, vez que se encontram no Capítulo II – Disposições Comuns à Recuperação Judicial e à Falência.

Por sua vez, para analisarmos ambos os institutos, que se entrelaçam no curso do processo (com mais força em sua fase inicial), devemos considerar como seu ponto de partida, a publicação do edital contendo a relação de credores do devedor, seja na recuperação judicial (art. 52, § 1º, Lei 11.101/05), seja na falência (art. 99, § 1º, Lei 11.101/05).

Aliás, neste ponto cabe uma ressalva: embora o artigo 7º, § 1º, da Lei 11.101/05 mencione o 'parágrafo único do artigo 99', há que se ler em seu lugar, '§ 1º do artigo 99', haja vista que a Lei 14.112/20 não apenas revogou o antigo parágrafo único de tal dispositivo, como o substituiu por outros dois. Entretanto, o legislador parece não ter se atentado à necessária recepção dessa alteração, ao elaborar o § 1º do artigo 7º, da Lei 11.101/05.

Até há pouco tempo atrás, os editais em feitos recuperacionais ou falimentares não seguiam qualquer padrão, o que foi profundamente alterado por meio do Comunicado CG 876/2020, disponibilizado no DOE em 8 de setembro de 2020, em que a Corregedoria Geral de Justiça do Tribunal de Justiça de São Paulo passou a recomendar aos juízes de direito com competência em tais feitos, que passassem a determinar aos administradores judiciais, a adoção de formulários constantes em seus anexos I a XVI, aprovados, por sua vez, por meio do Parecer da CG 317/2020, publicado no DOE em 3 de setembro de

2020, no intuito de facilitar aos credores o fornecimento de informação mínima, clara e objetiva sobre o procedimento de verificação de crédito, da apresentação do plano de recuperação e da realização da assembleia geral de credores.

Nas palavras da Juíza Assessora da Corregedoria do TJSP, Carla Themis Lagrotta Germano, em seu parecer pela recomendação sugerida pelo Comitê de Enfrentamento dos Impactos da Covid-19, "os processos de recuperação judicial e de falência têm como características sujeitar a seus efeitos uma grande quantidade de credores, os quais são ordinariamente cientificados dos atos processuais por meio da publicação de editais, que deverá ser feita de forma resumida", e que "essa publicação conterá de maneira clara e objetiva as informações essenciais aos credores, disponíveis no *website* do administrador judicial indicado, com observância dos anexos X a XVI, sem prejuízo de decisão judicial que estabeleça outro conteúdo".

Portanto, desde sua publicação no DJE em 3 de setembro de 2020 (Ano XIII, Edição 3.119), o Comunicado CG 876/2020 passou a recomendar aos juízes de direito, com competência nos feitos recuperacionais e falimentares, que determinem aos administradores judiciais, não apenas a adoção dos editais padronizados, mas, principalmente, que estes fossem publicados de forma reduzida, o que representa não apenas uma alteração, mas uma legítima evolução de algo que, não esqueçamos, destina-se (ou deveria se destinar) ao homem comum.

No caso do edital de convocação de credores, contendo a relação do devedor, seus modelos se encontram nos Anexos X (art. 52, § 1º – recuperação judicial) e XII (art. 99, § 1º – falência) do mencionado Comunicado CG 876/2020.

Em se tratando de recuperação judicial, a relação do devedor deverá conter todos os créditos existentes na data do pedido, ainda que não vencidos, nos termos em que dispõe o artigo 49, *caput*, da Lei 11.101/05.

Entretanto, sobre o tema, há que se destacar o mais recente posicionamento do Superior Tribunal de Justiça[1], que decidiu que para o fim de submissão aos efeitos da recuperação judicial, considera-se que a existência do crédito é determinada pela data em que ocorreu o seu fato gerador.

Em complementação, conforme destacado pelo Ministro Ricardo Villas Bôas Cueva em seu voto no Recurso Especial 1.843.332, que contribuiu para fixar tal tese para os fins repetitivos,

> "em resumo, ocorrido o fato gerador, surge o direito de crédito, sendo o adimplemento e a responsabilidade elementos subsequentes, não interferindo na sua constituição. Portanto, ocorrido o fato gerador, considera-se o crédito existente, estando submetido aos efeitos da recuperação judicial".

Por conseguinte, o citado ministro ainda afirma que

> diante disso, conclui-se que a submissão do crédito aos efeitos da recuperação judicial não depende de sentença que o declare ou o quantifique, menos ainda de seu trânsito em julgado, bastando a ocorrência do fato gerador".

1. Tema Repetitivo 1.051/STJ.

Contudo, essa não é a única inovação jurisprudencial pertinente à matéria, vez que, após o julgamento do Recurso Especial 1.851.692/RS, publicado em 29 de junho de 2021, a não inclusão de um crédito na relação de credores do devedor ou do administrador judicial pode gerar, de forma indireta, uma sanção à recuperanda, na melhor das hipóteses.

Isso porque, no mencionado julgamento, a Quarta Turma do Superior Tribunal de Justiça decidiu que esse credor preterido não seria obrigado a habilitar seu crédito, vez que tal ato se caracterizaria como uma faculdade e não uma obrigação ou um dever.

Por conseguinte, caso tal credor opte por *não* habilitar seu crédito, pode continuar com a perseguição de seu crédito pelas vias executórias ordinárias, *após* o encerramento da recuperação judicial.

De fato, até este ponto, não discordam os autores, acerca do julgado em comento.

Porém, o mesmo não ocorre com suas demais considerações, vez que na sequência, resta consubstanciado que "se a obrigação não for abrangida pelo acordo recuperacional, ficando suprimida do plano, não haverá (que) falar em novação, excluindo-se o crédito da recuperação, o qual, por conseguinte, poderá ser satisfeito pelas vias ordinárias".

Logo, verifica-se que a Quarta Turma do STJ entende que o crédito recuperacional (concursal, obviamente), não incluído nas relações de credores da devedora ou do administrador judicial, e não habilitado de forma retardatária, não é atingido pela novação advinda da homologação do plano de recuperação judicial, o que na opinião dos autores, fere de forma brutal a *pars conditio creditorum*.

Isso porque, além de poder cobrar seu crédito na integralidade, sem qualquer deságio ou condição desvantajosa aprovada em assembleia, e, portanto, imposta a todos os credores habilitados mesmo que não concordassem com elas, tal credor poderia ainda, em sua cobrança individual, requerer até mesmo a falência de uma empresa que esteja, rigorosamente, cumprindo o plano de recuperação judicial, pelo não adimplemento de um crédito... *concursal*.

Como se não bastasse toda a problemática apresentada, o posicionamento acima ainda coloca em xeque, justamente, a decisão objeto do Tema Repetitivo 1.051/STJ, afinal, qual a finalidade de se definir o que deve ser considerado como crédito concursal em recuperação judicial, se em determinadas circunstâncias (ausência nas relações de credores do devedor e do administrador judicial e não distribuição de incidente de habilitação ou de impugnação retardatária), isso pouco ou nada importará em sua perseguição?

Como afirmado anteriormente, concordam os autores com parte do posicionamento exposto pelo STJ no julgamento do Recurso Especial 1.851.692/RS, especificamente, no que tange a ser a habilitação ou impugnação retardatária, uma faculdade do credor interessado.

Porém, entender que tal crédito se encontra totalmente alheio aos efeitos do plano de recuperação aprovado em AGC e homologado judicialmente, parece-nos algo inapropriado, considerando a necessidade de uma análise sistemática da Lei 11.101/05.

Afinal, se buscarmos uma lógica jurídica, nos termos propostos por Chaïm Perelman[2], porém, mais específica e direcionada à falência e à recuperação judicial, chegaríamos, evidentemente, a uma principiologia própria, que teria como um de seus mais importantes princípios (independente daqueles gerais de direito), *a pars conditio creditorum*, destroçada, contudo, por uma tese que, afinal de contas, privilegia credores.

Se alguns podem interpretar a tese em comento (forçosamente, diga-se), como uma punição à recuperanda ou até mesmo ao administrador judicial (sabe-se lá como ou por que) por não relacionar um determinado credor em suas relações, o tiro pode sair pela culatra se considerarmos que alguns credores poderão, simplesmente, quedar-se inertes a fim de se beneficiarem dessa que passa a ser uma verdadeira brecha legal para se escapar de um procedimento de natureza, vejam só, *concursal*...

Portanto, esperam os Autores, que tal posicionamento seja nos próximos julgados, complementado, revogado ou, principalmente, revisto, de forma que se continue a entender a habilitação ou a impugnação retardatária como uma faculdade do credor, mas sem que o plano aprovado em AGC e homologado judicialmente, não lhe surta qualquer efeito, beneficiando-o e privilegiando-o sem qualquer razão ou fundamentação lógica juridicamente aceitável.

Por sua vez, se nos feitos recuperacionais parece impensável a ausência de juntada da relação de credores por parte do devedor, vez que é (ou deveria ser) o maior interessado em um célere trâmite processual, o mesmo não ocorre em processos de falência.

Isso porque, não são poucos os feitos falimentares em que o devedor sequer é encontrado, quiçá uma relação contendo seus credores... Empresas devedoras, cujas instalações locadas são abandonadas e suas contestações elaboradas por defensores dativos (em caráter genérico por falta de qualquer alternativa), são, infelizmente, mais comuns do que deveriam, seja por desídia e/ou desinteresse dos sócios, seja por terem sido as respectivas empresas criadas ou tiveram sua trajetória desviada para a prática de ilícitos.

Sem contar, evidentemente, os casos em que o falido, que até aquele momento se mostrava presente e atuante no processo, chega a ser intimado para apresentar sua relação de credores, e sem qualquer razão aparente, não o faz, preferindo, ao que parece, responder pelo crime de desobediência.

O administrador judicial, diante de tal situação e considerando a importância da publicação de tal edital, não pode se quedar inerte, mas sim, fornecer uma relação de credores com o que, geralmente, dispõe: o crédito do autor do pedido de quebra.

Embora uma relação contendo um único credor, no caso de somente conter o autor do pedido de falência, não possa, a rigor, ser considerada uma 'relação', e que isso pareça destoar da aparentemente intrínseca concursalidade do processo falimentar, lembremos que de acordo com a Súmula 44 do Tribunal de Justiça de São Paulo, "a pluralidade de credores não constitui pressuposto da falência".

Entretanto, caso o administrador judicial disponha de dados relativos a outras dívidas, fornecidos diretamente pelo devedor ou extraídos de seus documentos e/ou

2. *Lógica Jurídica*. São Paulo: Martins Fontes, 2000.

livros contábeis, também deverá incluí-las, mas, nestes casos, sem proceder a qualquer juízo, que deverá ser reservado para quando da elaboração de sua relação de credores.

A apresentação da relação do falido pelo administrador judicial não altera sua essência ou o desobriga a apresentar sua própria relação de credores, disposta no artigo 7º, § 2º, sendo que tal ato apenas deve ser considerado após a intimação válida do falido para tanto e o decurso do prazo *in albis*, devidamente certificado, vez que se trata de uma exceção à regra, visando o regular prosseguimento do feito.

Ainda sobre esta hipótese, não caberá ao administrador judicial fazer qualquer juízo de valor que implique em análise do crédito, vez que esta ocorrerá na sequência, na fase administrativa de verificação de créditos, que culminará em sua relação de credores.

Situação bastante particular ocorre quando a recuperação judicial é convolada em falência. Neste caso, se o falido não apresentar sua relação de credores, deverá o administrador judicial, de forma análoga à acima mencionada, reapresentar o quadro-geral de credores da recuperação judicial, como se fosse a relação do devedor, em nome da já mencionada ordem processual. Neste ponto, há que se ressaltar que 'relação de credores' não se confunde com 'quadro-geral de credores' como se buscará esclarecer mais adiante.

Porém, defendem os autores que o administrador judicial deverá ao menos, atualizar todos os créditos componentes do quadro-geral de credores da fase recuperacional do feito, da data da distribuição do pedido de recuperação judicial até a data da decretação da falência, de forma a serem observados os preceitos dispostos nos artigos 9º, inciso II, e 124, da Lei 11.101/05.

Tal medida deve ser adotada, ante a presunção de que o devedor assim o faria se tivesse apresentado sua relação de credores, de maneira minimamente coerente, bem como, para evitar uma longa série de divergências que questionariam apenas e justamente, a atualização dos créditos, da distribuição do pedido de recuperação judicial até sua convolação em falência.

Afinal, não há qualquer previsão legal que estabeleça que a suspensão dos juros ocorrida com a distribuição do pedido de recuperação judicial, deve permanecer com sua convolação em falência, o que seria um verdadeiro desrespeito para com os credores e um legítimo prêmio à recuperação judicial fracassada[3].

Caso ainda existam incidentes de habilitação retardatária ou de impugnação em aberto, deverá o administrador judicial, se for processualmente cabível (leia-se, se se encontrarem em primeira instância), peticionar sua extinção para que possa analisá-los na nova fase administrativa de verificação de crédito que ocorrerá, desta feita, na fase falimentar do processo.

Isso porque a discussão acerca do montante ou da classificação de um crédito considerando a data da distribuição da recuperação judicial, encontrar-se-ia absolutamente defasada com a convolação em falência.

3. Neste sentido, I – TJSP, AI 2204995-82.2016.8.26.0000, 1ª Câmara Reservada de Direito Empresarial, rel. Des. Hamid Bdine, j. 09-03-2017; e, II – TJSP, AI 2078324-77.2017.8.26.0000, 2ª Câmara Reservada de Direito Empresarial, rel. Carlos Alberto Garbi, j. 11.08.2017.

Não obstante, há a possibilidade concreta de um mesmo crédito encontrar-se em discussão em um incidente de habilitação retardatária ou de impugnação proposto quando o devedor se encontrava em recuperação judicial e ainda, através de habilitação, divergência ou incidente de impugnação na fase falimentar do feito.

3. DAS HABILITAÇÕES E DIVERGÊNCIAS DE CRÉDITOS

Nos termos em que dispõe o artigo 7°, § 1°, da Lei 11.101/05, após a publicação do edital contendo a relação de credores do devedor, em recuperação judicial (art. 52, § 1°) ou em falência (art. 99, § 1°), os credores terão o prazo de 15 (quinze) dias para apresentar ao administrador judicial, suas habilitações (caso seus créditos não tenham sido relacionados) ou suas divergências relativas aos créditos relacionados (caso não concordem com os valores e/ou com a classificação).

De pronto, cumpre observar, que a Lei não estipula capacidade postulatória para a apresentação de habilitações ou divergências tempestivas, não havendo necessidade, portanto, da intervenção de advogado. Entretanto, o mesmo não ocorre com as habilitações e divergências retardatárias, pois nos termos em que dispõe o § 5° do artigo 10 da Lei 11.101/05, se apresentadas antes da homologação do quadro-geral de credores, serão recebidas como impugnação e processadas nos termos dos artigos 13 a 15. Logo, além de necessitarem de advogado, também acarretarão o recolhimento de custas, salvo na hipótese de concessão dos benefícios da Justiça Gratuita.

Aliás, acerca do tema, cumpre destacar que no Estado de São Paulo, de acordo com o artigo 4°, § 8°, da Lei 11.608, de 29 de dezembro de 2003, "no caso de habilitação retardatária de crédito em processo de recuperação judicial e de falência, o credor recolherá a taxa judiciária na forma prevista nos incisos I e II do artigo 4°, calculada sobre o valor atualizado do crédito, observados os limites estabelecidos no § 1°" [4], conforme redação dada pela Lei 15.760, de 31 de março de 2015. Em complementação, e nos termos do Comunicado CG 1415/2021, publicado no DOE em 2 de julho de 2021, está dispensado o recolhimento da taxa de mandato no âmbito do Tribunal de Justiça de São Paulo.

Em retorno ao tema, cabe mencionar, que antes da prevalência dos processos digitais, as habilitações ou divergências eram apresentadas fisicamente no cartório da vara e separadas em pasta própria para remessa ao administrador judicial quando intimado para retirá-las.

Porém, uma das inovações trazidas pela Lei 14.112/20 foi, justamente, determinar ao administrador judicial, a manutenção de endereço eletrônico específico para o recebimento de pedidos de habilitação ou a apresentação de divergências, ambos em âmbito

4. Lei 11.608/03, artigo 4°, caput: "O recolhimento da taxa judiciária será feito da seguinte forma: I - 1% (um por cento) sobre o valor da causa no momento da distribuição ou, na falta desta, antes do despacho inicial; essa mesma regra se aplica às hipóteses de reconvenção e de oposição; II - 4% (quatro por cento) sobre o valor da causa, nos termos do artigo 511 do Código de Processo Civil, como preparo da apelação e do recurso adesivo, ou, nos processos de competência originária do Tribunal, como preparo dos embargos infringentes";

§ 1° Os valores mínimo e máximo a recolher-se, em cada uma das hipóteses previstas nos incisos anteriores, equivalerão a 5 (cinco) e a 3.000 (três mil) UFESPs – Unidades Fiscais do Estado de São Paulo, respectivamente, segundo o valor de cada UFESP vigente no primeiro dia do mês em que deva ser feito o recolhimento".

administrativo, com modelos que poderão ser utilizados pelos credores, salvo decisão judicial em sentido contrário (art. 22, I, alínea 'l', da Lei 11.101/05), algo que na prática, já era adotado pelos juízos especializados.

Por sua vez, o artigo 9º da Lei 11.101/05 nos brinda com os requisitos necessários à habilitação de crédito a ser apresentada pelo credor ao administrador judicial: I – o nome, o endereço do credor e o endereço em que receberá comunicação de qualquer ato do processo; II – o valor do crédito, atualizado até a data da decretação da falência ou do pedido de recuperação judicial, sua origem e classificação; III – os documentos comprobatórios do crédito e a indicação das demais provas a serem produzidas; IV – a indicação da garantia prestada pelo devedor, se houver, e o respectivo instrumento; e, V – a especificação do objeto da garantia que estiver na posse do credor.

O parágrafo único do artigo 9º dispõe, ainda, que os títulos e documentos que legitimam os créditos deverão ser exibidos no original ou por cópias autenticadas se estiverem juntados em outro processo, o que deve ser interpretado, à luz de nossa atual realidade, como acima mencionado, em que as habilitações e divergências são apresentadas eletronicamente via e-mail. Contudo, caso haja qualquer dúvida acerca da documentação apresentada, deve o administrador judicial, solicitar sua via original, fisicamente, para a devida conferência, sob pena de indeferimento do quanto pretendido.

Embora não haja menção expressa no dispositivo em comento, as divergências apresentadas ao administrador judicial, por analogia, também devem conter tais requisitos, no que lhe couberem.

Cumpre destacar que o Comunicado CG 876/2020 também recomenda aos juízes competentes em feitos recuperacionais e falimentares, que determinem aos administradores judiciais, a disponibilização em seu *website*, de formulários de habilitação e divergência de crédito, com um 'passo a passo do procedimento', e-mail ou outro mecanismo para recebimento de habilitações ou divergências.

Os modelos ou sugestões de tais formulários se encontram nos Anexos III (em falência) e IV (em recuperação judicial) do mencionado comunicado e ainda estipulam, que caso o pedido envolva crédito de natureza trabalhista, o formulário deve ser acompanhado de: (i) documento de identificação pessoal (RG/CPF) e (ii) cópia dos documentos que comprovem o pedido, como por exemplo, CTPS, contrato de trabalho, rescisão trabalhista, extrato de FGTS, holerites e/ou cópias das principais peças do processo trabalhista transitado em julgado como petição inicial, decisões, acordos e planilhas de cálculos das verbas homologadas.

Contudo, o administrador judicial não apenas pode como deve requerer outros documentos ao credor trabalhista, se necessários à apuração da existência ou do exato montante do crédito, vez que o rol acima não deve ser interpretado de forma taxativa. Um exemplo seria a solicitação de certidão expedida pela Justiça do Trabalho, compreendendo a atualização do crédito até a data da decretação da falência ou do pedido de recuperação judicial, conforme disposição expressa do artigo 9º, inciso II, da Lei 11.101/05.

Isso porque não são poucos os casos de credores trabalhistas que apresentam ao administrador judicial, certidões da justiça laboral com cálculos que extrapolam os limites acima mencionados, estabelecendo-se uma longa e desnecessária discussão sob a pífia argumentação de que tais cálculos são válidos pelo simples fato de terem sido homologados por um juízo de direito (o trabalhista, no caso), quando, na verdade, o cálculo de qualquer crédito concursal, recuperacional ou falimentar, que extrapole os limites do artigo 9º, inciso II, contém erro material e deve ser desconsiderado para efeito de habilitação, haja vista ter ignorado a norma especial em vigor[5].

4. DA VERIFICAÇÃO DE CRÉDITOS

A verificação de créditos nos feitos recuperacionais e falimentares consiste na análise que o administrador judicial promoverá das habilitações, divergências e impugnações apresentadas pelos credores.

Sua fase administrativa se inicia com a apresentação das habilitações e divergências pelos credores diretamente ao administrador judicial, e se encerra com a publicação da relação de credores deste último (art. 7º, § 2º, Lei 11.101/05).

A fase judicial de verificação de créditos, por sua vez, inicia-se quando da propositura da primeira habilitação ou divergência intempestiva, ou ainda, da primeira impugnação de crédito distribuída, prosseguindo até a publicação do quadro geral de credores consolidado pelo juízo.

Entretanto, a relação de credores do administrador judicial não conterá somente o resultado da análise das habilitações e divergências que lhe foram apresentadas, administrativamente, vez que, de acordo com o artigo 7º, *caput*, da Lei 11.101/05, a verificação de créditos será realizada pelo administrador judicial, *com base nos livros contábeis e documentos comerciais e fiscais do devedor* e nos documentos que lhe forem apresentados pelos credores, podendo contar com o auxílio de profissionais ou empresas especializadas.

Assim, primeiramente, tem-se que a relação de credores apresentada pelo devedor em recuperações judiciais ou falências também deverá ser criteriosamente analisada pelo administrador judicial, a fim de evitar erros, fraudes, ou ainda, a invenção ou majoração de créditos, que por si já se caracterizam como o crime de "Habilitação ilegal de crédito" (art. 175, Lei 11.101/05)[6], mas que também podem levar ao controle das decisões das assembleias gerais de credores.

Não obstante, o administrador judicial também deverá analisar os livros contábeis e documentos comerciais e fiscais do devedor, não apenas para conferência dos créditos já relacionados, mas também, para apurar os valores apontados, bem como, verificar a existências de créditos que possam ter sido deixados de lado.

Nos casos de recuperação judicial, devem os administradores judiciais, promover através de seus assistentes especializados, diligência nas instalações da Recuperanda, considerando a facilidade, completude, quantidade e qualidade dos documentos cons-

5. Neste sentido, I – TJSP, AI 2162018-02.2021.8.26.0000, 1ª Câmara Reservada de Direito Empresarial, rel. Des. Azuma Nishi, j. 29.09.2021; e, II – TJSP, AI 2039932-29.2021.8.26.0000, 2ª Câmara Reservada de Direito Empresarial, rel. Des. Maurício Pessoa, j. 19.08.2021.
6. Art. 175. Apresentar, em falência, recuperação judicial ou recuperação extrajudicial, relação de créditos, habilitação de créditos ou reclamação falsas, ou juntar a elas título falso ou simulado: Pena – reclusão, de 2 (dois) a 4 (quatro) anos, e multa.

tantes nos arquivos do devedor, além da invariavelmente mais rica e às vezes surpreendente, apuração *in loco*.

Essa diligência, agendada previamente, pode levar vários dias, dependendo da complexidade da análise do acervo documental e não exclui ou se confunde com as visitas mensais que o administrador judicial ou membros autorizados de sua equipe devem realizar à sede e aos demais estabelecimentos da recuperanda.

Contudo, na grande maioria dos feitos falimentares, especificamente, verifica-se a impossibilidade de se proceder a uma análise documental completa ou ao menos adequada, vez que, comumente, o administrador judicial obtém acesso somente aos arquivos do Speed, que retratam a situação da falida, tão somente, em um determinado momento.

Sobre este aspecto, deve-se considerar que o universo das empresas falidas se caracteriza como extremamente variado: há desde empresas organizadas ou que tiveram sua recuperação judicial convolada em falência, e, portanto, devem (ou deveriam) ter sua documentação em certa ordem, como aquelas que já se encontravam mergulhada em algum grau de caos administrativo, além daquelas que sequer foram encontradas para contestar o feito falimentar, ou, ainda, simplesmente, tiveram sua documentação dolosamente destruída, avariada ou comprometida a fim de dificultar sua análise por parte do administrador judicial, que, teoricamente, poderia comprometer legalmente seu(s) controlador(es).

De qualquer maneira, tanto em falências como em recuperações judiciais, o ideal seria que o administrador judicial pudesse acessar os seguintes documentos: *a)* registro de empregados, controle de ponto, folhas de pagamentos, guias dos recolhimentos ao INSS e ao FGTS; *b)* razão contábil; *c)* notas fiscais e faturas dos fornecedores; *d)* contratos e planilhas de cálculos dos empréstimos e financiamentos; além *e)* dos respectivos documentos fiscais: DCTF, SPEED (ECF, ECD, EFD) e Rais.

Essas medidas efetuadas pelo administrador judicial, em especial, a diligência realizada na sede da recuperanda, podem tanto reduzir os créditos da relação do devedor para a sua (art. 7º, § 2º, Lei 11.10105), como aumentá-los, sendo que ambos os casos, ligeiramente ou de forma profunda, podendo torná-la irreconhecível.

Logo, podemos compreender a relação do administrador judicial como sendo a somatória da *(a)* relação de credores do devedor (devidamente revista e apurada), *(b)* do extrato da análise das habilitações e divergências que lhe foram apresentadas na fase administrativa de verificação de créditos, além de *(c)* eventuais créditos apurados quando da realização da diligência *in loco* na sede da recuperanda ou quando da análise dos livros contábeis e demais documentos do devedor.

Importante destacar a completa autonomia que o administrador judicial detém para a verificação de créditos, devendo ter sempre como objetivo fundamental abarcar todos os créditos comprovados em sua relação de credores. Logo, sua relação deve ser a tradução mais fiel possível da realidade do universo de credores de um devedor, em respeito à *pars conditio creditorum*, à legalidade e à economia processual.

Dentre os maiores entraves relativos à verificação de créditos, o mais comum, indubitavelmente, refere-se à falta de informações e de documentos comprobatórios.

No caso de credores trabalhistas, por exemplo, são imprescindíveis as *(a)* datas de admissão e de afastamento do empregado (indispensável à correta classificação do crédito, total ou parcialmente, como concursal ou extraconcursal), *(b)* as planilhas de cálculos homologados pela Justiça Trabalhista, de forma a possibilitar a análise dos valores incluídos por meio da respectiva sentença laboral, *(c)* o índice de atualização utilizado, *(d)* o cálculo dos juros (data de início e fim), além dos *(e)* valores do INSS (a ser retido e da reclamada) e do Imposto de Renda a ser descontado do credor, sem prejuízo de quaisquer outros que caso a caso se façam necessários.

Por sua vez, em se tratando de créditos referentes a fornecedores de bens e serviços, fazem-se necessárias *(a)* as notas fiscais/faturas, *(b)* os contratos, *(c)* comprovantes de protestos, *(d)* informes relativos às respectivas ações judiciais de cobrança, dentre outros, enquanto no caso de empréstimos e financiamentos, a análise dos contratos e planilhas de evolução das dívidas caracteriza-se como essencial ao deslinde da questão.

Se a melhor e mais apurada análise de um crédito não evitará uma impugnação, e aqui, há que se considerar a alegação de fato diverso, a apresentação de documento até então desconhecido, a possibilidade de interpretação diversa de um fato, ou ainda, um comportamento excessivamente litigante de nossa realidade humana e jurídica, uma análise mal feita, preguiçosa, pode acarretar uma série de consequências nos feitos falimentares, e, principalmente, nos feitos recuperacionais, como por exemplo, a decretação de nulidade de uma assembleia geral de credores por vício e até mesmo sua convolação em falência.

5. DA RELAÇÃO DE CREDORES DO ADMINISTRADOR JUDICIAL

Conforme mencionado, antes dos processos digitais, as habilitações ou divergências eram apresentadas fisicamente no cartório da vara e separadas em pasta própria para remessa ao administrador judicial quando intimado para retirá-las.

Assim, a fase administrativa de verificação de créditos poderia tanto se iniciar logo após o encerramento do prazo de 15 (quinze) dias contado da publicação do edital, como dias ou até mesmo semanas depois, dependendo do volume de trabalho enfrentado pelo cartório em que se encontravam.

Por óbvio, esta oscilação impactava diretamente no prazo para apresentação da relação de credores do administrador judicial, pois o prazo de 60 (sessenta) dias vislumbrado pelo legislador era, na prática, impossível de ser cumprido.

Sessenta dias, pois de acordo com o § 2° do artigo 7°, o administrador judicial, com base nas informações e documentos colhidos na forma do *caput* e do § 1° do artigo 7°, fará publicar edital contendo a relação de credores no prazo de 45 (quarenta e cinco) dias, contado do fim do prazo de 15 (dias) para que os credores apresentem suas habilitações e/ou divergências.

Assim, atualmente, logo após o encerramento do prazo para a apresentação de habilitações e divergências, impreterivelmente, inicia-se o prazo de 45 (quarenta e cinco) para que o administrador judicial apresente sua relação de credores, vez que as recebeu ou deveria tê-las recebido por e-mail.

Como benefício colateral dessa verdadeira evolução eletrônica que assola de forma irreversível o mundo jurídico, tem-se a possibilidade de o administrador judicial iniciar a análise dos pedidos de habilitação ou de divergência de acordo com o fluxo de seu recebimento, ou seja, antes mesmo do encerramento do mencionado prazo quinzenal.

Destarte, considerando a dificuldade inerente de obtenção de certos documentos ou informações, quando mais célere for efetuado o requerimento ou a análise por parte do administrador judicial, maiores serão as chances de sanar a dúvida quanto à existência ou ao montante de um crédito a ser habilitado, o que, evidentemente, afastará a necessidade de distribuição de um incidente de impugnação ou de habilitação retardatária.

Isso porque, nesta fase administrativa de verificação de crédito, deve o administrador judicial, havendo necessidade, estabelecer estreita comunicação com os credores habilitantes ou divergentes, pessoalmente, por telefone ou por aplicativo de mensagens, e, preferencialmente, via e-mail, de forma a registrar todo o teor das tratativas. Assim, ao receber a habilitação ou divergência e pairando qualquer dúvida a respeito de algum de seus aspectos, deve o administrador judicial, buscar tal credor e sanar suas dúvidas, de forma a evitar a distribuição de mais um incidente de impugnação ou de habilitação de crédito retardatária, que poderia ter evitado através de uma conduta minimamente diligente. Se o caso, deve o administrador judicial fornecer cópia ou a digitalização do laudo pericial contábil que embasará seu posicionamento no exemplo em comento.

Igualmente, e pelas mesmas razões, deve o administrador judicial, manter contato próximo com alguns funcionários-chave da recuperanda, como o contador ou chefe da contabilidade, diretor de recursos humanos e advogados designados para a defesa dos interesses da devedora em ações autônomas (cíveis, trabalhistas e fiscais), a fim de auxiliá-lo na outra ponta do eixo estabelecido para a definição dos créditos que comporão sua relação de credores. Caso se trate de uma empresa pequena ou de médio porte, poderá o administrador judicial se dirigir (exaustivamente, se o caso) diretamente ao controlador para que suas dúvidas sejam dirimidas.

Entretanto, é de salutar importância estabelecer que embora o administrador judicial seja o centro de tal eixo, suas atividades não podem jamais se confundir com os objetivos de um conciliador ou mediador. Isso porque, enquanto este visa, 'um meio termo', objetivando colocar fim a um conflito, reestabelecendo a paz que não mais existe entre as partes, o administrador judicial buscará única e exclusivamente a veracidade a respeito da existência, do montante e da classificação de um crédito.

Cumpre destacar ainda, que no mencionado edital, cujo modelo se encontra nos Anexos XI (recuperação judicial) e XIII (falência) do Comunicado CG 876/2020, o administrador judicial deverá, ainda, indicar o local, o horário e o prazo comum em que as pessoas indicadas no artigo 8º da Lei 11.101/05 terão acesso aos documentos que fundamentaram a elaboração de sua relação, denotando certa proximidade entre os procedimentos de verificação de crédito e de perícia tradicional.

Na prática dos autores, foram raros os casos de credores que se apresentaram em seu escritório para se inteirarem a respeito dos documentos embasadores dos créditos constantes em sua relação de credores como administrador judicial.

Este aparente desinteresse parece permear o entendimento do homem médio de nosso país, às vezes até, por iniciativa de seus patronos, extrema e desnecessariamente beligerantes, para quem as vias administrativas seriam apenas escoadouros de tempo e de boa vontade, absolutamente ineficientes sem a figura de um magistrado. Embora historicamente, ineficiência e burocracia tenham andado de mãos dadas no mundo inteiro, a busca por soluções administrativas pode e deve dirimir muitos conflitos, caracterizando-se como uma verdadeira e irrefreável tendência moderna, que impede, em muitos casos, o desnecessário acionamento de um sobrecarregado Poder Judiciário.

Por outro lado, os Autores destacam ainda, que comumente, na petição de juntada do edital contendo a relação de credores do administrador judicial, costumam tecer comentários a respeito das razões para o não acolhimento ou para o acolhimento apenas parcial, de pedidos de habilitação de crédito efetuados na fase administrativa de verificação.

A fim de instruir tais comentários, os autores ainda juntam os respectivos laudos periciais contábeis, elaborados por sua equipe técnica, da mesma forma que fariam no caso de um incidente processual de habilitação ou de impugnação de crédito.

Esta medida não visa apenas justificar seu posicionamento, mas também, espera-se, apontar ao credor interessado, quais documentos ou pontos controvertidos deverão ser objeto de cuidado em suas eventuais investidas judiciais *a posteriori*.

Evidentemente, todo este cuidado não afastará o credor essencialmente beligerante, mas, especula-se, pode influenciar na baixa procura por parte dos credores, dos documentos que embasam os créditos na relação de credores do administrador judicial, de lavra dos autores.

Por sua vez, diante de tantas inovações, pode surgir uma dúvida quanto aos formulários de análise de habilitação e divergências de créditos, dispostos também pelo Comunicado CG 876/2020, componentes de seus Anexos V (para falência) e VI (para recuperação judicial): devem constar no *website* do administrador judicial ou juntados à relação do administrador judicial no processo principal?

Na opinião dos autores, a resposta é positiva para ambas as opções, vez que a publicidade em feitos recuperacionais e falimentares é fundamental, considerando sua natureza concursal. Não obstante, prejuízo algum será acarretado ao credor se o formulário de análise de seu crédito, firmado pelo administrador judicial, constar no *site* deste último e também for juntado aos autos principais quando da juntada da relação de credores mencionada no artigo 7º, § 2º, da Lei 11.101/05.

6. DAS HABILITAÇÕES RETARDATÁRIAS

No caso do artigo 10 da Lei 11.101/05, embora a Lei 14.112/2020 não tenha alterado seu *caput* ou seus parágrafos originais, houve o acréscimo dos parágrafos 7º a 10.

Assim, continua válida a determinação de que as habilitações de crédito apresentadas após o prazo de 15 (quinze) dias contados da publicação do edital contendo a relação de credores do falido, serão recebidas como retardatárias (art. 10, *caput*, Lei 11.101/05).

Entretanto, alguns doutrinadores entendem que a reforma ocasionada pela Lei 14.112/2020, deveria ter abolido a figura do 'credor retardatário'. Nas duras, porém coerentes palavras de Fabio Ulhôa Coelho[7]: "os credores que não respeitam os prazos para habilitação de seu crédito ou para a apresentação de divergência tumultuam a falência e a recuperação judicial quando se apresentam intempestivamente. É uma despropositada inversão, em que a comunidade de credores é prejudicada pela inércia de um credor isolado. O legislador já deveria ter eliminado o direito à habilitação intempestiva já em 2005. Em 2020, perdeu mais uma oportunidade de fazê-lo".

Embora, em princípio, o posicionamento acima pareça ser radical, concordam os autores com suas razões, ante a natureza e os entraves práticos trazidos pela questão em comento.

Outro ponto de discussão surge ainda da mera leitura do *caput* do artigo 10: há a possibilidade de apresentação de *divergência* retardatária, considerando que o mencionado dispositivo legal não lhe faz qualquer menção?

Na opinião dos autores, a resposta é positiva, pois se há autorização para a famigerada habilitação retardatária, deve haver também, por analogia, a possibilidade de divergência retardatária.

Neste exato sentido, Fabio Ulhôa Coelho destaca ainda, que "em relação à 'divergência retardatária', seria uma afronta ao princípio da isonomia constitucional que o credor pudesse apresentar fora do prazo a habilitação (para suprir omissão da relação apresentada pelo devedor), mas não pudesse apresentar a divergência (para corrigir o valor ou a classificação)". Daí, conclui o ilustre doutrinador, "embora não previsto o direito em lei, não se pode negar ao credor o direito à 'divergência retardatária'"[8].

Ainda sobre o tema, Marcelo Barbosa Sacramone esclarece que "o termo 'habilitação', entretanto, não deve ser compreendido conforme redação literal", pois

> "o termo utilizado no *caput* do art. 10 deverá ser interpretado de modo a compreender tanto as habilitações, na hipótese em que o crédito não esteja incluído na lista de credores apresentada, como, as divergências ou impugnações, na hipótese de ter sido incluído crédito inexistente, de diverso valor ou natureza jurídica", vez que, "se o habilitante pode pretender a inclusão de crédito integralmente não incluído no procedimento, não se justifica o impedimento de que não possa pretender a correção do incluído erroneamente" [9].

De qualquer maneira, na recuperação judicial, os titulares de créditos retardatários, excetuados os titulares de créditos derivados da relação de trabalho, não terão direito a voto nas deliberações da assembleia geral de credores.

Cumpre observar, que esta mesma disposição também é aplicada ao processo de falência, salvo se, na data da realização da assembleia geral, já houver sido homologado o quadro-geral de credores contendo o crédito retardatário.

Aliás, na falência, os créditos retardatários perderão o direito a rateios eventualmente realizados e ficarão sujeitos ao pagamento de custas, não se computando os acessórios

7. *Lei de Falências e de Recuperação de Empresas*. 15. ed. São Paulo: Ed. RT, 2021, p. 86.
8. Idem, p. 87.
9. *Comentários à Lei de Recuperação de Empresas e Falências*. 2. ed. São Paulo: Saraiva, 2021, p. 129.

compreendidos entre o término do prazo e a data do pedido de habilitação. Nas palavras de Manoel Justino Bezerra Filho[10],

> "aqui também se apresenta forte estímulo para que o credor não se coloque em posição de retardatário", vez que, desta forma, deverá pagar as respectivas custas judiciais, além de não contar com "acessórios (juros e correção monetária, normalmente) computados, durante o período compreendido entre o fim do prazo para habilitação e a efetiva habilitação retardatária".

Por sua vez, a Lei 11.101/05 permite ao credor retardatário, em feitos falimentares, requerer a reserva de valor para satisfação de seu crédito, conforme se observa no § 4º do artigo 10 da Lei 11.101/05. Isso porque, conforme aponta Marcelo Barbosa Sacramone[11], nem sempre a habilitação retardatária "é consequência da inércia do credor, pois o crédito poderia exigir sua liquidação prévia", sendo o que "ocorre na hipótese de a ação condenatória em face do devedor ainda não ter sido julgada".

Outro aspecto importante relativo à reserva de valores em feitos falimentares reside no próprio valor a ser habilitado. Como por exemplo, no caso de rateio em curso ou vias de ocorrer, em que a reserva de um valor integral pode, facilmente, inviabilizá-lo.

Afinal, se os credores serão pagos de forma rateada, por que reservar o montante integral do crédito pretendido?

Se o objetivo por trás de um pedido de reserva é impedir eventuais prejuízos a um credor que ainda não possui um valor líquido, entendem os autores, que o montante a ser reservado deve corresponder ao que lhe caberia no rateio subsequente ou em curso, vez que este seria, efetivamente, seu prejuízo.

Portanto, deve o administrador judicial, levar essas questões ao respectivo juízo, a fim de impedir que um pedido de reserva inviabilize um pagamento por rateio, propondo as diligências cabíveis, que certamente incluirão a comunicação do juízo *a quo*, mencionando as razões acima.

Embora a Lei 11.101/05 mencione de forma expressa a possibilidade de pedido de reserva somente em casos de falência, Marcelo Barbosa Sacramone[12] afirma que tal pedido poderia ocorrer em sede de recuperação judicial, mas sua "utilidade não decorre propriamente do pagamento, o qual seria realizado diretamente pela recuperanda conforme o plano de recuperação judicial, mas em virtude de o pedido de reserva assegurar ao referido credor o direito de votar na Assembleia Geral de Credores".

Quanto ao seu trâmite, se as habilitações de crédito retardatárias forem apresentadas antes da homologação do quadro-geral de credores, serão recebidas como impugnação e processadas na forma dos artigos 13 a 15 da Lei 11.101/05.

Logo, se não foram propostas por meio de um incidente processual, deverão ser convertidas para este formato, o que pressupõe a intermediação de um advogado, ante a necessária capacidade postulatória, além do recolhimento das respectivas custas.

---

10. BEZERRA FILHO, Manoel Justino; SANTOS, Eronides A. Rodrigues dos; coautoria especial, *Lei de Recuperação de Empresas e Falência* – Lei 11.101/05 comentada artigo por artigo. 15. ed. São Paulo: Ed. RT 2021, p. 128.
11. *Lei de Falências e de Recuperação de Empresas*. 15. ed. São Paulo: Ed. RT, 2021, p. 132.
12. Idem, p. 133.

Porém, após a homologação do quadro-geral de credores, mas antes do encerramento da falência, aqueles que não habilitaram seu crédito poderão, observado no que couber, o procedimento ordinário previsto no Código de Processo Civil, requerer ao juízo da falência ou da recuperação judicial a retificação do quadro-geral para inclusão do respectivo crédito, nos termos em que dispõe o artigo 19 da Lei 11.101/05.

7. DA IMPUGNAÇÃO DE CRÉDITO

No prazo de 10 (dez) dias contado da publicação da relação do administrador judicial (art. 7º, § 2º, Lei 11.101/05), o Comitê, qualquer credor, o devedor ou seus sócios ou o Ministério Público podem apresentar ao juiz impugnação contra tal relação, apontando a ausência de qualquer crédito ou manifestando-se contra a legitimidade, importância ou classificação de crédito relacionado, nos termos em que dispõe o artigo 8º, *caput*, da Lei 11.101/05.

Embora não conste de forma expressa no texto legal, há substancial doutrina acerca da existência de um pré-requisito para a apresentação de impugnação de crédito: ter o credor impugnante, apresentado divergência ou habilitação de crédito na fase administrativa de verificação.

Neste sentido, Fábio Ulhoa Coelho[13] destaca que "aquele credor que suscitara divergência e constata, ao checar a relação republicada, que seu ponto de vista não foi acolhido, deve apresentar impugnação", vez que, "como a divergência suscitada perante o administrador judicial não teve acolhida, o assunto é, pela impugnação, submetido ao juiz".

Manoel Justino Bezerra Filho[14], neste mesmo sentido, segue ainda mais longe ao afirmar que "o credor apenas poderá apresentar impugnação se tiver cumprido o § 1º do art. 7º e tiver apresentado habilitação ou divergência; evidentemente, poderá também apresentar impugnação se o que constar na segunda lista divergir do que constava na primeira lista", concluindo que "se a segunda lista espelha o que constava na primeira lista e o credor não apresentou habilitação ou divergência no prazo do § 1º do art. 7º, não poderá apresentar impugnação agora, objetivando a inclusão de seu crédito, pois terá de se valer da habilitação retardatária".

Contudo, além de não haver previsão legal a respeito de tal requisito, parte respeitável da doutrina também não concorda com esse posicionamento. Sobre o tema, Marcelo Barbosa Sacramone[15], discorre que "a Lei, contudo, não limita a possibilidade de impugnação apenas ao credor que deduziu anteriormente habilitação ou divergência administrativa", pois, "pelo contrário, o artigo permite amplamente a qualquer legitimado promover a impugnação, inclusive sobre o crédito de terceiro".

Logo, se acatarmos a tese de que a habilitação ou divergência apresentada diretamente ao administrador judicial na fase administrativa de verificação de créditos, constitui

---

13. *Lei de Falências e de Recuperação de Empresas*. 15. ed. São Paulo: Ed. RT, 2021, p. 83.
14. BEZERRA FILHO, Manoel Justino; SANTOS, Eronides A. Rodrigues dos. Coautoria especial. *Lei de Recuperação de Empresas e Falência* – Lei 11.101/05 comentada artigo por artigo. 15. ed. São Paulo: Ed. RT, 2021, p. 123.
15. *Comentários à Lei de Recuperação de Empresas e Falências*. 2. ed. São Paulo: Saraiva, 2021, p. 122.

requisito indispensável à apresentação de impugnação ao juízo, esse requisito somente se faria necessário aos credores, vez que o § 1º do artigo 7º da Lei 11.101/05 determina de forma expressa que somente eles podem apresentar habilitações ou divergências.

Embora não concordem com a tese apresentada, ante a ausência de previsão legal, cogitam os autores, suas razões, que, de fato, seriam louváveis: se o credor se quedou inerte na fase administrativa de verificação de créditos, e, portanto, perdeu a oportunidade de dirimir a questão de maneira a não distribuir mais um incidente processual, ele não deveria sofrer alguma forma de sanção?

Na prática, se acatado tal posicionamento, a impugnação seria tida como uma habilitação retardatária, e, dessa forma, se apresentada antes da homologação do quadro-geral de credores, será recebida como impugnação e processada nas formas dos artigos 13 a 15 da Lei 11.101/05 (art. 10, § 5º).

Em um primeiro momento, parece não haver diferença relevante entre distribuir uma impugnação ou uma habilitação de crédito retardatária, considerando que o artigo 10, § 5º, dispõe que ambas serão processadas na forma dos artigos 13 a 15 da Lei 11.101/05.

Contudo, se as impugnações de crédito tempestivas não necessitam do pagamento de quaisquer custas, o mesmo não ocorre com as habilitações retardatárias, salvo se requeridos e concedidos os benefícios da justiça gratuita.

Por sua vez, diferentemente da habilitação e da divergência, que devem ser apresentadas diretamente ao administrador judicial, usualmente, por e-mail, compondo o cerne da fase administrativa de verificação de créditos, a impugnação caracteriza-se como um procedimento essencialmente judicial, necessitando ser efetuada através de advogado como também ocorre com as habilitações retardatárias.

Assim, nos termos do artigo 13, *caput*, da Lei 11.101/05, a impugnação será dirigida ao juiz por meio de petição, instruída com os documentos que tiver o impugnante, o qual indicará as provas consideradas necessárias, devendo cada uma delas ser autuada em separado, com os documentos a ela relativos. Porém, terão uma só autuação, as diversas impugnações versando sobre o mesmo crédito, conforme disposição expressa presente no artigo 13, parágrafo único, da Lei 11.101/05.

Outra diferença significativa pode ser observada na relação de legitimados para propô-la: se as habilitações e divergências devem ser apresentadas tão somente pelos credores, conforme se depreende da leitura do artigo 7º, § 1º, para discussão relativa a crédito próprio, as impugnações, por sua vez, podem ser apresentadas pelo Comitê, por qualquer credor, o devedor, seus sócios ou até mesmo o Ministério Público, demonstrando um leque consideravelmente mais amplo de autorizados e de assuntos a serem discutidos.

No entanto, como, acertadamente, lembra Manoel Justino[16], "apenas tem interesse para apontar a ausência do crédito o próprio titular do crédito, vez que ninguém pode pleitear direito alheio em nome próprio".

---

16. BEZERRA FILHO, Manoel Justino; SANTOS, Eronides A. Rodrigues dos. Coautoria especial. *Lei de Recuperação de Empresas e Falência* – Lei 11.101/05 comentada artigo por artigo. 15. ed. São Paulo: Ed. RT, 2021, p. 123.

Neste sentido, cumpre destacar, que os autores não apenas concordam com tal posicionamento, mas, também, dificilmente teriam qualquer argumento que pudesse ser contraposto à sua lógica cristalina, calcada em princípios jurídicos, há muito estabelecidos[17].

Além disso, se a cobrança ou execução de uma dívida se caracteriza como sendo um direito do credor, dependendo única e exclusivamente se seu *animus*, para a respectiva persecução, por que razão sua inclusão em um quadro geral de credores poderia ser requerida por terceiro?

Uma vez apresentada a relação do administrador judicial, os credores cujos créditos forem impugnados serão intimados para contestá-la, no prazo de 5 (cinco) dias, juntando os documentos que tiverem e indicando outras provas que reputem necessárias.

Transcorrido tal quinquídio, o devedor e o Comitê, se houver, serão intimados pelo juiz para se manifestar sobre ela no prazo comum de 5 (cinco) dias.

Na sequência, será a vez do administrador judicial ser intimado pelo juiz para emitir parecer no prazo de 5 (cinco) dias, devendo juntar à sua manifestação, o laudo elaborado pelo profissional ou empresa especializada, se for o caso, e todas as informações existentes nos livros fiscais e demais documentos do devedor acerca do crédito, constante ou não da relação de credores, objeto da impugnação.

Como destaca Marcelo Barbosa Sacramone[18],

> "ainda que o credor impugnado, o devedor ou o Comitê de Credores não tenham se manifestado, o administrador judicial deverá emitir parecer sobre a impugnação judicial", sendo que "sua manifestação não deverá, contudo, ater-se ao confronto dos argumentos dos interessados, ou, na revelia do credor impugnado, a considerar verdadeiros os fatos apresentados pelo impugnante".

Na sequência, transcorridos tais prazos, os autos de impugnação serão conclusos ao juiz, que, de acordo com o artigo 15 da Lei 11.101/05: I – determinará a inclusão no quadro-geral de credores das habilitações de créditos não impugnadas, no valor constante da relação do administrador judicial; II – julgará as impugnações que entender suficientemente esclarecidas pelas alegações e provas apresentadas pelas partes, mencionando, de cada crédito, o valor e a classificação; III – fixará, em cada uma das restantes impugnações, os aspectos controvertidos e decidirá as questões processuais pendentes; e, IV – determinará as provas a serem produzidas, designando audiência de instrução e julgamento, se necessário.

Cumpre destacar, que quando do julgamento das impugnações, o juiz não se encontra limitado ao pedido, podendo, até mesmo, determinar a inclusão de crédito em montante superior ao requerido pelo impugnante.

Isso porque, um credor pode impugnar a relação do administrador judicial (art. 7º, § 2º, Lei 11.101/05), requerendo a majoração de seu crédito, por qualquer que seja a

---

17. Neste sentido, TJSP, AI 2283726-53.2020.8.26.0000, 1ª Câmara Reservada de Direito Empresarial, rel. Des. Cesar Ciampolini, j. 30.06.2021.
18. SACRAMONE, Marcelo Barbosa. *Comentários à Lei de Recuperação de Empresas e Falências*. 2. ed. São Paulo: Saraiva, 2021, p. 137.

razão, enquanto o administrador judicial, em seu parecer, pode se manifestar por uma majoração ainda mais benéfica ao impugnante.

Exemplo razoavelmente comum na prática recuperacional e falimentar, ocorre quando o montante do pedido não se encontra atualizado até a data da decretação da falência ou da distribuição do pedido de recuperação judicial, desconsiderando assim, os ditames constantes nos artigos 9º, inciso II e 124 da Lei 11.101/05.

Nesta hipótese, dificilmente o juízo não determinaria a inclusão de crédito por um valor acima do pleiteado pelo impugnante, ante a necessária observância da legalidade, bem como, da *pars conditio creditorum*.

Por sua vez, se o administrador judicial é intimado para que emita seu parecer acerca do pedido de impugnação efetuado, podendo concordar, integral ou parcialmente, ou ainda, desconsiderá-lo inteiramente, por que razão o juiz não pode acatar esse parecer para instruir seu julgamento?

Aliás, os autores se posicionam ainda mais adiante: da mesma forma que o parecer do administrador judicial deve pautar pela mais absoluta independência, o mesmo ocorre com a subsequente decisão judicial. Assim, por mais paradoxal que pareça à primeira vista, vez que o administrador judicial é nomeado pelo juízo e atua como seu auxiliar, a decisão em incidentes de impugnação não precisa, necessariamente, utilizar-se de seu parecer contábil.

Embora se presuma que o juízo opte por administradores judiciais de sua inteira confiança, com os quais compartilhe posicionamentos semelhantes, divergências doutrinárias pontuais são (ou deveriam ser) comuns e acabam por oxigenar o direito.

Da mesma forma, parece bastante claro aos autores, que o juízo possa se decidir pela inclusão de crédito em montante menor do que o pretendido.

Sobre o tema, um exemplo bastante comum ocorre em impugnações de crédito em que o credor busca a inclusão de seu crédito, nos exatos termos do constante na respectiva certidão para habilitação de crédito de lavra da Justiça Laboral.

Nestes casos, a irresignação do credor aponta o administrador judicial como um desrespeitador à coisa julgada, na mais polida das hipóteses, vez que seu parecer, em muitos casos, reduz o crédito a ser habilitado, em comparação ao constante na respectiva certidão.

Porém, na grande maioria destes casos, não há qualquer inobservância às decisões judiciais, mas sim, a interpretação sistemática e o cumprimento do ordenamento jurídico em vigor.

Isso porque, uma certidão da Justiça do Trabalho, geralmente, contém o montante total dos créditos homologados, sem qualquer distinção quanto ao momento em que os respectivos fatos geradores ocorreram.

Não é incomum, portanto, que tais certidões contenham, no montante total do crédito, verbas de caráter extraconcursal e concursal. No caso de processos de recuperação judicial, a data da propositura de seu pedido serve como data-limite dos créditos ou das verbas que compõem um crédito, que, efetivamente, deverão ser consideradas como concursais, excluindo-se, por conseguinte as extraconcursais.

Conforme disposição expressa no artigo 17 da Lei 11.101/05, da decisão judicial sobre a impugnação caberá agravo, sendo que, recebido, o relator poderá conceder efeito suspensivo à decisão que reconhece o crédito ou determinar a inscrição ou modificação do seu valor ou classificação no quadro-geral de credores, para fins de exercício de direito de voto em assembleia geral.

Por fim, cumpre destacar que nas impugnações tempestivas, assim como nas habilitações e divergências tempestivas, não são devidas custas judiciais, o mesmo não ocorrendo no caso das retardatárias, que por sua vez, acarretam a reserva do valor para a satisfação do crédito discutido, conforme disposição constante no § 8º do artigo 10 da Lei 11.101/05.

8. DO QUADRO-GERAL DE CREDORES: DA FORMAÇÃO INICIAL (QUADRO PROVISÓRIO) À CONSOLIDAÇÃO

Uma leitura mais atenta do inciso I do artigo 15 da Lei 11.101/05 indica que o quadro-geral de credores inicia sua *formação* quando o juiz determina a inclusão das habilitações de crédito não impugnadas, presentes na relação de credores do administrador judicial[19].

Isso porque, o encerramento do prazo para a apresentação de impugnações antecede, cronologicamente, qualquer outro momento em que o quadro-geral de credores venha ser mencionado na Lei 11.101/05.

Até esse momento processual, cabe lembrar, não existe qualquer quadro-geral de credores, mas sim, 'relações de credores', tanto do devedor como do administrador judicial, conhecidas usualmente como 1ª e 2ª listas.

Contudo, este seria somente o início da formação do QGC, haja vista que de acordo com o § 7º do artigo 10, da Lei 11.101/05, ele será *formado* (e conhecido usualmente como "provisório"), com o julgamento das impugnações tempestivas e com as habilitações e as impugnações retardatárias decididas até o momento da sua formação.

Logo, o QGC provisório será *formado*: *a)* pelos créditos constantes na relação de credores do administrador judicial e não impugnados; *b)* pelos créditos deferidos com o julgamento de impugnações tempestivas; e, *c)* pelos créditos deferidos com o julgamento de impugnações retardatárias decididas até o momento da sua formação.

Esta interpretação encontra respaldo na atual redação do artigo 16, consideravelmente mais abrangente que a anterior, que estabelece que, para fins de rateio em falência, deverá ser *formado* e não "consolidado", quadro-geral de credores, composto pelos créditos não impugnados constantes do edital do administrador judicial (art. 7º, § 2º), pelo julgamento de todas as impugnações apresentadas no prazo previsto no artigo 8º e pelo julgamento realizado até então das habilitações de crédito recebidas como retardatárias.

19. "Art. 15. Transcorridos os prazos previstos nos arts. 11 e 12 desta Lei, os autos de impugnação serão conclusos ao juiz, que:
I – determinará a inclusão no quadro-geral de credores das habilitações de créditos não impugnadas, no valor constante na relação referida no § 2º do art. 7º desta Lei".

Por sua vez, as habilitações retardatárias não julgadas acarretarão a reserva do valor controvertido, mas não impedirão o pagamento da parte incontroversa, conforme disposição constante no § 1º do artigo 16 da Lei 11.101/05.

Assim, ainda que o quadro-geral de credores não tenha sido homologado, o rateio de pagamentos na falência poderá ser realizado, mas desde que a classe de credores a ser satisfeita já tenha tido todas as impugnações judiciais apresentadas no prazo previsto no artigo 8º da Lei 11.101/05, julgadas, ressalvada a reserva dos créditos controvertidos em função das habilitações retardatárias de créditos distribuídas até então e ainda não julgadas.

Como bem resume Fabio Ulhoa Coelho[20],

> "tão logo elaborado o quadro provisório, o administrador judicial já deve proceder aos pagamentos dos credores cujos créditos, observada a ordem legal, não serão afetados pelas verificações pendentes. Pagará também a parcela incontroversa dos créditos objeto de discussão dos procedimentos de verificação de crédito ainda não julgados. Foi uma das alterações elogiáveis da Reforma de 2020".

Até este momento, portanto, tem-se os componentes de *formação* do Quadro Geral de Credores provisório, que possibilita a existência de rateio.

O artigo 18 da Lei 11.101/05, por sua vez, dispõe que o administrador judicial será responsável pela *consolidação* do quadro-geral de credores, a ser *homologado* pelo juiz, com base na relação dos credores a que se refere o artigo 7º, § 2º, e nas decisões proferidas nas impugnações oferecidas.

Como esclarece Manoel Justino[21],

> "embora a homologação, em geral se dê pela chamada 'sentença homologatória', na realidade a homologação do quadro-geral de credores dá-se por decisão interlocutória, resolvendo apenas simples incidente processual que diz respeito aos valores a serem incluídos no quadro geral".

Quanto a seus requisitos, o quadro-geral deverá ser assinado pelo juiz e pelo administrador judicial, mencionando a importância e a classificação de cada crédito na data do requerimento da recuperação judicial ou da decretação da falência, devendo ser juntado aos autos e publicado no órgão oficial, no prazo de 5 (cinco) dias, contado da data da sentença que houver julgado as impugnações.

Conclui-se, portanto, em que pese não haver uma clara distinção legal, que a *formação* e a *consolidação* do quadro-geral de credores, embora, aparentemente posam se confundir, não são sinônimos.

Isso porque, a *formação* deve ser entendida como uma consequência natural da existência dos créditos não impugnados na relação de credores do administrador judicial, dos créditos deferidos com o julgamento de impugnações tempestivas ou das impugnações retardatárias decididas até o momento da sua formação.

20. *Lei de Falências e de Recuperação de Empresas*. 15. ed. São Paulo: Ed. RT, 2021, p. 93.
21. BEZERRA FILHO, Manoel Justino; SANTOS, Eronides A. Rodrigues dos. Coautoria especial. *Lei de Recuperação de Empresas e Falência* – Lei 11.101/05 comentada artigo por artigo. 15. ed. São Paulo: Ed. RT, 2021, p. 137.

Sua *consolidação*, entretanto, caracteriza-se como sua instrumentalização ou formalização, a cargo do administrador judicial, nos termos do mencionado artigo 18, da Lei 11.101/05, para efeito de publicação.

A homologação do quadro-geral de credores por sua vez, é um ato estritamente judicial, devendo ocorrer apenas ao final do julgamento de todos os incidentes de impugnação de crédito distribuídos.

Aliás, de acordo com o a nova redação do artigo 14 da Lei 11.101/05, trazida pela Lei 14.112/2020, caso não haja impugnações, o juiz homologará, como quadro-geral de credores, a relação dos credores do administrador judicial (art. 7º, § 2º), ressalvado o disposto no artigo 7º-A, que trata das habilitações de crédito tributárias.

Especificamente no caso de recuperação judicial, esta poderá ser encerrada ainda que não tenha havido a consolidação definitiva do quadro-geral de credores, hipótese em que as ações incidentais de habilitação e de impugnação retardatárias serão redistribuídas ao juízo da recuperação judicial como ações autônomas e observarão o rito comum (art. 10, § 9º, Lei 11.101/05).

Como se trata de uma disposição direcionada de maneira expressa à recuperação judicial, entendem os autores, que quando do encerramento de feitos falimentares, eventuais incidentes de habilitação ou de impugnação pendentes deverão permanecer em trâmite perante os respectivos juízos, até o seu julgamento definitivo.

Neste sentido, há que se ressaltar que o administrador judicial deve zelar pela organização do feito como um todo, organizando e relacionando os feitos de habilitação ou de impugnação de crédito que deverão ser finalizados, de forma a apontá-los ao chefe do respectivo cartório, antevendo o encerramento do processo falimentar.

Assim, deverá buscar o administrador judicial, a redução ao menor número possível de incidentes quando do encerramento da falência, excluindo-se evidentemente, aqueles em discussão em segunda instância ou em outro órgão colegiado superior.

Por sua vez, não pode ser olvidado que, com o encerramento da recuperação judicial, há a dispensa do administrador judicial, e, como não há qualquer outra disposição a respeito, presume-se que a discussão nestas 'ações autônomas' não contará com sua presença.

Entretanto, como tais pedidos serão redistribuídos como ações autônomas, entendem os autores, ser possível ao juízo recuperacional, manter o administrador judicial naquelas de maior complexidade, em que seus conhecimentos se façam necessários para auxiliá-lo no deslinde da questão, mas em uma função, a rigor, mais próxima do perito usual do que do administrador judicial propriamente dito.

Aliás, nestes casos, a remuneração do administrador judicial deverá ser fixada de forma autônoma e dissociada daquela fixada para acompanhamento da recuperanda porquanto perdurou seu processo, vez que se trata de uma atividade totalmente diversa.

Porém, conforme aventado pelos autores, como tal atividade nestas hipóteses se equipara, factualmente, à rotineira atividade pericial, talvez, a respectiva remuneração deva ser fixada e ficar a cargo da parte sucumbente, embora o juízo possa determinar seu depósito inicial à parte autora, ou ainda, um rateio entre as partes.

Quanto ao fato de serem redistribuídas ao juízo recuperacional, parece-nos uma medida acertada ante a universalidade do juízo em que tramitou a recuperação.

9. DA DECADÊNCIA DO PRAZO PARA APRESENTAÇÃO DE PEDIDOS DE HABILITAÇÃO E DE RESERVA DE CRÉDITO

A Lei 11.101/05, originalmente, não fez qualquer menção a um prazo decadencial para a apresentação de pedidos de habilitação ou de reserva de crédito.

Esta 'lacuna', por assim dizer, tinha como principal efeito, a possibilidade de apresentação de habilitação de crédito a bel prazer do interessado, ou então, quando se dignasse a pesquisar a atual localização e situação jurídica do devedor.

Embora historicamente em nosso país, o consenso popular a respeito de um processo falimentar é de que "se perde no tempo", o fato é que a Lei 11.101/05, suas alterações, a atuação dos juízos especializados e a jurisprudência a respeito têm buscado reverter não apenas tal imagem, mas essencialmente sua realidade.

Evidentemente, não há como atribuir culpa de tal lentidão a tão somente a ausência de um prazo decadencial para apresentação de habilitações de crédito e nem quantificar o peso de tal lacuna na efetiva lentidão dos processos falimentares.

Entretanto, na prática, essa ausência permitia (e permite ainda, mas apenas por um tempo, espera-se) um fluxo contínuo durante todo o processo falimentar e uma verdadeira enxurrada de feitos distribuídos após cada rateio que porventura viesse a ser realizado.

Logo, embora um direito do credor, o não estabelecimento de um prazo decadencial para a apresentação de habilitação de crédito ocasionava entraves práticos que podiam se tornar significativos, dependendo do processo falimentar.

Cumpre destacar que esses entraves atingem, inicialmente, o cartório da vara em que tramita o processo falimentar, desdobrando-se para todos os envolvidos, do administrador judicial ao Ministério Público.

Portanto, dentro de todo um esforço para reduzir o tempo de um processo falimentar, caracteriza-se como um avanço, ainda que parcial, o prazo decadencial para a apresentação de habilitação de crédito, estabelecido pelo novo § 10 do artigo 7º, de no máximo, 3 (três) anos, contados da data de publicação da sentença que decretar a falência.

Sobre o tema, Fabio Ulhoa Coelho[22] afirma que (o legislador) "preferiu, à supressão da habilitação retardatária, esticar o prazo para a sua apresentação. E esticou por demasiado tempo, isto é, três anos contados da decretação da falência (§ 10)".

De fato, tal prazo decadencial de três anos parece-nos deveras excessivo, ainda mais se considerarmos a ausência de qualquer medida de caráter transitório a respeito, o que impede sua imediata aplicação.

Isso porque embora o evidente aperfeiçoamento legal, há que se considerar o direito adquirido dos credores, que até o advento da Lei 14.112/2020 não precisavam se ocupar ou até de se preocupar com uma imediata apresentação de sua habilitação de crédito.

22. *Lei de Falências e de Recuperação de Empresas*. 15. ed. São Paulo: Ed. RT, 2021, p. 86.

Logo, entendem os autores, que tal prazo decadencial trienal deve ser contado a partir da entrada em vigor da Lei 14.122, de 24 de dezembro de 2020.

Neste contexto, o Dr. Paulo Furtado de Oliveira Filho, juiz titular da 2ª Vara de Falências e Recuperações de São Paulo, Capital, em recentes julgados e já se ocupando do enfrentamento de tema, aponta-nos um norte em casos análogos, de como devemos interpretar a aplicabilidade dos novos dispositivos trazidos pela Lei 14.112/2020, como esta decisão prolatada no processo 1023283-65.2019.8.26.0100:

> "Registro que o pedido foi feito antes das recentes alterações trazidas pela Lei 14.112/2020, não podendo ser aplicada ao presente feito. É que a lei não pode retroagir para prejudicar o direito adquirido, o ato jurídico perfeito ou a coisa julgada, nos termos do art. 5º, XXXVI, da CF/88. As causas de extinção de obrigações do falido são, sob o aspecto subjetivo do credor, hipóteses que extinguem seu direito ao recebimento do que lhe é devido. No momento em que decretada a falência, surge para o credor o direito de ter seu crédito extinto nas hipóteses então previstas em lei".

10. DA AÇÃO RESCISÓRIA DE ADMISSÃO DE CRÉDITO

Nos termos em que dispõe o artigo 19 da Lei 11.101/05, o administrador judicial, o Comitê, qualquer credor ou o representante do Ministério Público poderá, até o encerramento da recuperação judicial ou da falência, observado, no que couber, o procedimento ordinário previsto no Código de Processo Civil, pedir a exclusão, outra classificação ou a retificação de qualquer crédito, nos casos de descoberta de falsidade, dolo, simulação, fraude, erro essencial ou, ainda, documentos ignorados na época do julgamento do crédito ou da inclusão no quadro-geral de credores.

Quanto à legitimidade para sua propositura, Manoel Justino Bezerra Filho[23] nos lembra que "a lei não dá legitimidade ativa ao devedor para tal ação, o qual, no entanto, poderá provocar o administrador ou o MP, com fundamento no parágrafo único do art. 103, em caso de falência. Já o recuperando, como autor do pedido de recuperação, está legitimado naturalmente para esta ação, independentemente de previsão específica".

Trata-se, portanto, do que a doutrina denomina como ação rescisória da admissão de crédito, tendo como fundamento, dolo, simulação, fraude, erro essencial ou de documentos ignorados na época do julgamento do crédito, tramitando, em princípio, perante o juízo universal da recuperação judicial ou da falência.

Entretanto, como destaca Fabio Ulhoa Coelho[24],

> "há duas exceções a essa regra de competência: se o crédito é trabalhista ou, enquanto ilíquido tinha sido objeto de ação não suspensa pela instauração do concurso falimentar. Nesses casos, competentes para a rescisão da admissão de crédito são respectivamente a Justiça do Trabalho e o juízo perante o qual tramitou a ação de objeto ilíquido".

Por fim, cumpre destacar, que proposta tal ação, o pagamento ao titular do crédito por ela atingido somente poderá ser realizado mediante a prestação de caução no mesmo valor do crédito questionado, conforme disposição constante no § 2º do artigo 19 da Lei 11.101/05.

---

23. BEZERRA FILHO, Manoel Justino; SANTOS, Eronides A. Rodrigues dos. Coautoria especial. *Lei de Recuperação de Empresas e Falência* – Lei 11.101/05 comentada artigo por artigo. 15. ed. São Paulo: Ed. RT, 2021, p. 138.
24. *Lei de Falências e de Recuperação de Empresas*. 15. ed. São Paulo: Ed. RT, 2021, p. 95.

11. CONCLUSÃO

Ante a intrínseca concursalidade dos feitos recuperacionais e falimentares, percebe-se a importância da verificação de créditos, seja durante a fase administrativa, seja pela via judicial.

Por conseguinte, se compreendermos e aceitarmos toda uma lógica jurídica específica à recuperação judicial e à falência, verificaremos a extrema importância da observância dos princípios jurídicos, cujo principal, no caso em apreço, é a *pars conditio creditorum*.

Logo, a busca pelo tratamento igualitário entre credores em situações idênticas deve nortear todo o trabalho do administrador judicial e do juízo em suas decisões.

Sua importância pode ser observada nas alterações trazidas pela Lei 14.112/20 e até mesmo pelo Comunicado CG 876/2020 do Tribunal de Justiça do Estado de São Paulo – TJSP, que por mais que tenham modificado, ou melhor dizendo, atualizado a Lei 11.101/05, não alteraram (e nem poderiam) a *pars conditio creditorum*.

Visaram aperfeiçoar, padronizar procedimentos e dinamizar os feitos recuperacionais e falimentares, sem, contudo, alterar sua essência, viabilizando-a, na verdade.

Para tanto, devem todos os envolvidos, em especial, os administradores judiciais, agirem com extrema diligência e zelo, além de buscarem a mais perfeita consonância com os juízos que os nomeiam.

12. REFERÊNCIAS

BEZERRA FILHO, Manoel Justino, dos Santos; RODRIGUES, Eronides A. Coautoria especial. *Lei de Recuperação de Empresas e Falência* – Lei 11.101/05 comentada artigo por artigo. 15. ed. São Paulo: Ed. RT, 2021.

COELHO, Fabio Ulhoa. *Lei de Falências e de Recuperação de Empresas*. 15. ed. São Paulo: Ed. RT, 2021.

PERELMAN, CHAÏM. *Lógica Jurídica*. São Paulo: Martins Fontes, 2000.

SACRAMONE, Marcelo Barbosa. *Comentários à Lei de Recuperação de Empresas e Falências*. 2. Ed. São Paulo: Saraiva, 2021.

EFICIÊNCIA NO PROCESSO DE FALÊNCIA UTILIZANDO AS ALTERAÇÕES INTRODUZIDAS PELA LEI 14.112/2020 – UMA ANÁLISE SOBRE A POSSIBILIDADE DE SUSPENSÃO DE INCIDENTES E AÇÕES QUE DISCUTEM CRÉDITOS DE CLASSES QUE NÃO IRÃO RECEBER POR INSUFICIÊNCIA DE RECURSOS

Armando Lemos Wallach

LL.M em Direito Societário pela Fundação Getúlio Vargas. Advogado e Administrador Judicial. Sócio do Wallach Assessoria Jurídica e da Vivante Gestão e Administração Judicial LTDA.

1. INTRODUÇÃO

A Lei 14.112/2020 operou importantes alterações na Lei 11.101/2005 na busca de maior eficiência nos processos de falência.

Dentre as principais alterações podemos destacar: o artigo 114-A[1] que prevê o encerramento da falência quando não forem encontrados bens, ou quando os encontrados forem insuficientes para as despesas do processo; o artigo 16, § 2º[2], que permite o início

1. Art. 114-A. Se não forem encontrados bens para serem arrecadados, ou se os arrecadados forem insuficientes para as despesas do processo, o administrador judicial informará imediatamente esse fato ao juiz, que, ouvido o representante do Ministério Público, fixará, por meio de edital, o prazo de 10 (dez) dias para os interessados se manifestarem.

   § 1º Um ou mais credores poderão requerer o prosseguimento da falência, desde que paguem a quantia necessária às despesas e aos honorários do administrador judicial, que serão considerados despesas essenciais nos termos estabelecidos no inciso I-A do *caput* do art. 84 desta Lei.

   § 2º Decorrido o prazo previsto no *caput* sem manifestação dos interessados, o administrador judicial promoverá a venda dos bens arrecadados no prazo máximo de 30 (trinta) dias, para bens móveis, e de 60 (sessenta) dias, para bens imóveis, e apresentará o seu relatório, nos termos e para os efeitos dispostos neste artigo

   § 3º Proferida a decisão, a falência será encerrada pelo juiz nos autos.
2. Art. 16. Para fins de rateio na falência, deverá ser formado quadro-geral de credores, composto pelos créditos não impugnados constantes do edital de que trata o § 2º do art. 7º desta Lei, pelo julgamento de todas as impugnações

de pagamento aos credores antes da consolidação do quadro geral de credores; o artigo 99, § 3º[3] que estabeleceu o prazo de 60 dias para o administrador judicial apresentar plano de realização dos ativos e limitou o prazo de realização dos ativos a 180 (cento e oitenta) dias; o artigo 158, VI[4], que prevê a extinção das obrigações do falido quando do encerramento da falência; o artigo 10, § 10[5] que fixa prazo de três anos para o requerimento de habilitação do crédito ou reserva de valor, contados da publicação da sentença que decretar a falência, sob pena de decadência; e o artigo 142, § 3º-A[6] que permite a alienação por leilão, em terceira chamada, por qualquer preço.

Nesse cenário, o presente artigo almeja analisar essas alterações e de que forma contribuem para o alcance dos objetivos do processo de falência.

Ao final, sugere-se uma análise, com base em caso prático, sobre a suspensão de incidentes e ações que discutem créditos de classes que não irão receber por insuficiência de recursos como forma de otimizar o processo.

2. OBJETIVOS DO PROCESSO DE FALÊNCIA

O economista Henry Hazlitt já ensinava que a falência deve ser vista como algo natural, como parte da evolução da indústria, dos negócios. Para o autor, o objetivo da falência deveria ser a realocação dos ativos para produção, e indica que forçar a preservação de uma empresa é prejudicial à sociedade, e até mesmo à geração de empregos, posto que a mão de obra especializada poderia ser melhor aproveitada em uma indústria mais moderna:

> Fazemos a mesma coisa, porém, quando procuramos impedir que qualquer indústria pereça, a fim de proteger a mão de obra já treinada ou o capital nela já empregados. Por mais paradoxal que isso possa parecer a alguns, é tão necessário para a saúde de uma economia dinâmica permitir-se que pereçam indústrias decadentes, quanto se desenvolvam as que estão prosperando. O primeiro processo é essencial ao segundo. É tolice procurar preservar indústrias obsoletas tanto quanto procurar preservar métodos

---

apresentadas no prazo previsto no art. 8º desta Lei e pelo julgamento realizado até então das habilitações de crédito recebidas como retardatárias.

§ 2º Ainda que o quadro-geral de credores não esteja formado, o rateio de pagamentos na falência poderá ser realizado desde que a classe de credores a ser satisfeita já tenha tido todas as impugnações judiciais apresentadas no prazo previsto no art. 8º desta Lei, ressalvada a reserva dos créditos controvertidos em função das habilitações retardatárias de créditos distribuídas até então e ainda não julgadas.

3. Art. 99 § 3º Após decretada a quebra ou convolada a recuperação judicial em falência, o administrador deverá, no prazo de até 60 (sessenta) dias, contado do termo de nomeação, apresentar, para apreciação do juiz, plano detalhado de realização dos ativos, inclusive com a estimativa de tempo não superior a 180 (cento e oitenta) dias a partir da juntada de cada auto de arrecadação, na forma do inciso III do *caput* do art. 22 desta Lei.
4. Art. 158. Extingue as obrigações do falido:

   VI – o encerramento da falência nos termos dos arts. 114-A ou 156 desta Lei.
5. Art. 10. § 10. O credor deverá apresentar pedido de habilitação ou de reserva de crédito em, no máximo, 3 (três) anos, contados da data de publicação da sentença que decretar a falência, sob pena de decadência.
6. Art. 142, § 3º-A. A alienação por leilão eletrônico, presencial ou híbrido dar-se-á:

   I – em primeira chamada, no mínimo pelo valor de avaliação do bem;

   II – em segunda chamada, dentro de 15 (quinze) dias, contados da primeira chamada, por no mínimo 50% (cinquenta por cento) do valor de avaliação; e

   III – em terceira chamada, dentro de 15 (quinze) dias, contados da segunda chamada, por qualquer preço.

obsoletos de produção: isso, de fato, é muitas vezes, nada mais nada menos, que duas maneiras de descrever a mesma coisa.[7]

No Brasil, o Decreto-Lei 7.661/45, antiga Lei de Falências, outorgou ao processo falimentar a feição de uma execução coletiva, cujo objetivo seria retirar o patrimônio do falido para pagamento à universalidade dos credores.

Na obra Comentários à Lei de Falências, em que comenta o Decreto-Lei 7.661/45, Trajano de Miranda Valverde expõe:

Sob o ponto de vista formal, é a falência uma variante do processo das execuções.

Execução coletiva, abrangendo todos os bens do devedor, por força do princípio de que, decretada a falência, perde o falido o direito de administrar os seus bens e deles dispor, é o traço expressivo, que particulariza a fisionomia desse processo de execução forçada.[8]

Por seu turno, a Lei 11.101/2005, vigente na atualidade, expressa o objetivo do processo de falência em seu artigo 75[9], ao demonstrar preocupação econômica com a utilização dos ativos do falido, devolvendo-os ao setor produtivo. Para isso é destacada a importância de uma alienação rápida desses ativos, e atendimento aos princípios da celeridade e economia processual.

Não se pode, contudo, desconsiderar o intuito de pagar aos credores do falido.

Por isso, não basta que a realização de ativos seja rápida, o pagamento aos credores também deverá ser.

A legislação falimentar parece evoluir no sentido de tornar o processo mais eficiente, mais célere na realização dos ativos e também no pagamento aos credores.

3. ARRECADAÇÃO E ALIENAÇÃO DE ATIVOS

No Decreto-Lei 7.661/45 o processo de falência era dividido em duas etapas, como lecionava José da Silva Pacheco:

7. HAZLITT, Henry. *Economia numa única lição*. Trad. Leônidas Gontijo de Carvalho. São Paulo: Instituto Ludwig von Mises Brasil, 2010. p. 104-105.
8. VALVERDE, Trajano de Miranda. *Comentários à Lei de Falências (Decreto-lei 7.661, de 2 de junho de 1945)*. 3. ed. São Paulo: Forense, 1962. v. II, p. 15.
9. Art. 75. A falência, ao promover o afastamento do devedor de suas atividades, visa a:
   I – preservar e a otimizar a utilização produtiva dos bens, dos ativos e dos recursos produtivos, inclusive os intangíveis, da empresa;
   II – permitir a liquidação célere das empresas inviáveis, com vistas à realocação eficiente de recursos na economia; e
   III – fomentar o empreendedorismo, inclusive por meio da viabilização do retorno célere do empreendedor falido à atividade econômica.
   § 1º O processo de falência atenderá aos princípios da celeridade e da economia processual, sem prejuízo do contraditório, da ampla defesa e dos demais princípios previstos na Lei 13.105, de 16 de março de 2015 (Código de Processo Civil).
   § 2º A falência é mecanismo de preservação de benefícios econômicos e sociais decorrentes da atividade empresarial, por meio da liquidação imediata do devedor e da rápida realocação útil de ativos na economia.

> Esses atos posteriores à sentença, integrantes do processo executivo, se condensam em duas divisões, tendo em vista as precípuas finalidades:
>
> a) Fase de arrecadação, de verificação de créditos, de apuração de responsabilidades;
>
> b) Fase de liquidação, realização do ativo e atendimento dos credores.
>
> É claro que pode haver atos de liquidação, antes do início da respectiva fase (arts. 73, 75, art. 119, § 2º), mas em caráter excepcional.[10]

A regra geral era a alienação de ativos apenas após a consolidação do quadro geral de credores e o julgamento da responsabilidade dos administradores da sociedade falida.

Ou seja, realizava-se a arrecadação e mantinha-se os ativos guardados enquanto era realizada a verificação dos créditos e a apuração de responsabilidades dos administradores da sociedade falida. Apenas após isso era possível a venda. Evidentemente, os ativos perdiam valor, tornavam-se obsoletos e inservíveis para produção, o que desaguava em prejuízo não só para os credores, mas, também, para economia.

Por isso, a Lei 11.101/2005 alterou significativamente o processo para permitir que a venda de ativos e a formação do quadro de credores caminhassem em paralelo, prevendo, no artigo 139, a realização dos ativos logo após a arrecadação.

Apesar da mudança, talvez pelo conceito anterior e o costume, a realização de ativos continuava não sendo rápida, e muitos processos desenvolvidos sob a égide da Lei 11.101/2005 reproduziram a ritualística anteriormente praticada.

Aparentemente, o conceito de necessidade de devolver os ativos ao processo produtivo, inserido na Lei, não foi suficiente.

Com objetivo de forçar a celeridade, a Lei 14.112/2020 introduziu o prazo de 180 (cento e oitenta) dias para a realização de todo o ativo, sob pena de destituição do administrador judicial (artigo 22, III, *j*).

Com isso, ficou claro que a venda imediata dos ativos é um dever, não faculdade.

Logo, nos termos do artigo 108 da Lei 11.101/2005, o administrador judicial deverá realizar a arrecadação de ativos ato contínuo à assinatura do termo de compromisso, e no mesmo momento deverá realizar avaliação dos bens.

Como se vê, o conceito de urgência na realização de ativos já existia. A Lei 14.112/2020 inovou ao estabelecer um prazo para essa obrigação de urgência. Assim, o parágrafo terceiro do artigo 99 fixou prazo de 60 dias, contados do termo de nomeação, para que o administrador judicial apresente o plano de realização de ativos, que deverá prever prazo de conclusão não superior a 180 dias contados da juntada de cada auto de arrecadação.

Importante apontar aqui que ao prever o prazo de 180 (cento e oitenta) dias para realização do ativo a Lei não prevê exceções, logo, entende-se que todos os ativos devem ser realizados neste prazo, sem considerar que possa haver momento mais oportuno ou possível valorização. Não cabe ao administrador judicial especular o melhor momento para realização, cabe-lhe, apenas, encontrar a melhor forma e modelo para venda naque-

10. PACHECO, José da Silva. *Processo de Falência e Concordata (Comentários à Lei de Falências)*. 2. ed. Guanabara: Borsoi, 1971. v. II, p. 770.

le momento, sendo certo que o administrador judicial não deverá ser punido quando adotar todas as medidas possíveis para o cumprimento do prazo e este não for atingido por condições não imputáveis ao administrador judicial.

Da mesma forma, não poderá ser destituído o administrador judicial quando houver fundamentada impossibilidade de alienação, reconhecida por decisão judicial, como pedido de restituição, pendência de ação judicial que discute a propriedade...[11]

Contudo, alguns casos demandam uma atenção especial, como a alienação de um imóvel invadido, a cessão de um crédito inscrito em precatório, ou mesmo os direitos em discussão em um processo judicial.

O administrador judicial deve adotar todas as medidas cabíveis para evitar a invasão de uma área ou para reintegração de sua posse. Contudo, será que deve aguardar a reintegração de posse para só então realizar o ativo? Cabe ao administrador judicial aguardar o pagamento de um precatório ou o julgamento de uma ação para destinar os recursos aos credores, ou cumpre ao auxiliar do Juízo alienar o crédito, os direitos ou a expectativa dos direitos de imediato?

Ainda que se pense que a terra invadida terá seu valor reduzido, ou que a cessão do precatório envolverá desconto, entendemos que a realização do ativo deve ser feita naquele momento.

Não se pode impor aos credores que aguardem o fim de um processo de reintegração de posse, por exemplo, para só depois receber o que lhes é devido. Não se pode calcular quanto tempo irá durar o processo e nem mesmo quanto isso vai custar à massa falida.

O Tribunal de Justiça de São Paulo tem decidido pela alienação do ativo ainda que não esteja em melhores condições para a venda, como no caso de leilão de terras invadidas.[12] Da mesma forma, em inúmeros processos de falência são alienados créditos com vencimento futuro, precatórios etc.

Portanto, o administrador judicial deverá adotar todas as medidas cabíveis para apurar maior valor com os ativos da massa, porém, essas medidas devem ser adotadas dentro do prazo previsto em Lei. No exemplo utilizado da terra invadida, deve o administrador judicial ingressar com reintegração de posse, tentar obter a liminar ou até mesmo a reintegração, ou seja, avançar o máximo possível para dar mais segurança aos interessados na compra.

---

11. SACRAMONE, Marcelo Barbosa. *Comentários à lei de recuperação de empresas e falência*. 2. ed. São Paulo: Saraiva Educação, 2021. p. 171.
12. Agravo de instrumento. Falência. Imóvel prestes a ser leiloado. Preliminar de intempestividade afastada. Nova decisão proferida após a alegação de que a área continuava parcialmente invadida. Manifestação do Ministério Público e da Massa Falida pelo prosseguimento do processo de venda do imóvel. Nova decisão determinando a realização do leilão com anotações no edital. Recurso tempestivo que merece ser conhecido. Pretensão à suspensão do leilão. Alegação de que o imóvel estaria desvalorizado porque parte do bem continua invadido. Ação de reintegração de posse em curso que cuidará de eventual área ainda invadida. Preço apontado pelo avaliador que não foi impugnado. Não comprovação de pagamento voluntário dos credores restantes com os demais bens que alega existir. Decisão que deve ser mantida. Recurso improvido. (TJSP; Agravo de Instrumento 0191147-04.2012.8.26.0000; Relator (a): Fábio Quadros; Órgão Julgador: 4ª Câmara de Direito Privado; Foro Central Cível – 18ª Vara Cível; Data do Julgamento: 18.04.2013; Data de Registro: 24.04.2013).

Acredita-se ainda, que, em último caso, quando for um ativo que se encontre muito desvalorizado e que tenha possibilidade de rápida valorização, o administrador judicial poderá pleitear ao Juízo, em seu plano de realização de ativos, a dilação do prazo, devendo ser ouvido o comitê de credores ou até convocada Assembleia Geral de Credores para deliberação.

Sobre a alienação de ativos, a Lei 14.112/2020 também trouxe outra importante inovação: a possibilidade de venda de ativos por qualquer preço nas alienações por leilão, em terceira chamada.

O mercado define o preço dos bens de acordo com o interesse dos compradores. Visando dar celeridade ao processo, a Lei passou a permitir a venda por qualquer preço na terceira chamada do leilão. O que antes demandava uma longa discussão sobre nova avaliação do ativo após um leilão frustrado, a Lei passou a permitir que o valor seja fixado pelo interesse do mercado.

Por outro lado, isso demanda um cuidado ainda maior por parte dos leiloeiros na divulgação do leilão, o que deve ser acompanhado pelo administrador judicial, para que o maior número de pessoas tome conhecimento e o maior número de interessados participe do leilão, evitando que o bem seja vendido por preço baixo em virtude de pouca concorrência. Em casos de ativos específicos, que naturalmente tenham pouca concorrência, recomenda-se que o administrador judicial opte por outra modalidade de venda, para evitar, de igual modo, a venda por valor baixo.

Cabe registrar, que também por força de alteração implementada pela Lei 14.112/2020, artigo 143, § 1º, caso os credores não concordem com o valor de arrematação deverão apresentar impugnação acompanhada de oferta firme do impugnante ou de terceiro para aquisição do bem, respeitados os termos do edital, por valor presente superior ao valor de venda, e de depósito caucionário equivalente a 10% (dez por cento) do valor oferecido.

> O novo rito procedimental da impugnação à arrematação trazido pela reforma da lei de insolvência traduz a real preocupação do legislador com os princípios da celeridade e da efetividade ao impor quatro novos parágrafos ao art. 143, que, efetivamente, diminuem a possibilidade de apresentação de contrariedades sem fundamentação ou mesmo protelatórias como se verificava diuturnamente.

Vê-se, nesse ponto, que a Lei buscou tornar mais prática e eficiente a alienação, evitando discussões teóricas sobre avaliação de ativos, permitindo que sejam vendidos por qualquer valor na terceira chamada do leilão e condicionando a discussão do valor de arrematação à apresentação de proposta com valor superior.

4. PLANO DE REALIZAÇÃO DO ATIVO

O professor Fábio Ulhoa Coelho destaca o plano de realização do ativo como importante inovação e explica como deve ser elaborado o Plano:

> Inovação promissora da Reforma de 2020 se encontra no § 3º do art. 99, que incumbe ao administrador judicial a elaboração de um *plano detalhado de realização dos ativos*. Ela está relacionada diretamente ao objetivo de priorização e aceleração da venda dos bens do falido, com vistas à preservação do valor deles.
>
> (...)

No PRA, o administrador judicial deve indicar justificadamente o meio de venda dos bens da massa, entre os admissíveis por lei, que promete a mais ampla otimização dos recursos do ativo falimentar. Além disso, deve fazer uma estimativa de prazo para a realização do ativo, que não deve ultrapassar os 180 dias, contados da juntada dos autos de arrecadação ao processo de falência.[13]

Nota-se, portanto, que o administrador judicial deve identificar a melhor forma de alienação dos ativos seguindo a ordem do artigo 140 e a modalidade de realização que melhor se aplica a cada caso (artigo 142).

No Volume III desta coleção tratamos da alienação de ativos na recuperação judicial, esclarecendo as formas e modalidades de alienação, em especial o processo competitivo organizado.[14]

5. PAGAMENTO AOS CREDORES

A rápida realização dos ativos além do benefício econômico geral, de colocá-los em produção, também se mostra favorável ao pagamento aos credores.

Quanto mais rápida a alienação, menos a massa gastará com guarda e conservação dos bens, que estarão em melhor estado e o valor apurado, a ser partilhado, será maior.

Porém, é necessário que também seja rápida a destinação dos recursos.

A Lei 14.112/2020 alterou a ordem de pagamento nos artigos 83 e 84 da Lei 11.101/2005.

Mas o que pretendemos analisar é o momento que deve ser realizado o pagamento.

A redação do artigo 149 da Lei 11.101/2005 induz ao entendimento de que o pagamento aos credores só poderia ter início após a consolidação do quadro geral de credores:

> Art. 149. Realizadas as restituições, pagos os créditos extraconcursais, na forma do art. 84 desta Lei, *e consolidado o quadro-geral de credores*, as importâncias recebidas com a realização do ativo serão destinadas ao pagamento dos credores, atendendo à classificação prevista no art. 83 desta Lei, respeitados os demais dispositivos desta Lei e as decisões judiciais que determinam reserva de importâncias. (g.n.)

Registre-se que esse artigo não foi alterado.

Antes da alteração promovida pela Lei 14.112/2020, o entendimento era, de fato, que o pagamento só poderia ser iniciado após o julgamento de todas as impugnações.

Em interessante análise, o Superior Tribunal de Justiça manteve decisão de primeira instância que autorizou o início do pagamento aos credores do Banco Santos S/A após julgamento de todos os incidentes apresentados por credores, mas ainda com recursos pendentes, sem trânsito em julgado[15].

---

13. COELHO, Fábio Ulhoa. *Comentários à Lei de Falências e de Recuperação de Empresas*. 14. ed. São Paulo: Thomson Reuters Brasil, 2021. p. 364,365.
14. WALLACH, Armando Lemos. Alienação de ativos no processo de recuperação judicial – Alterações introduzidas pela Lei 14.112/2020 – Alienação por processo competitivo organizado. In: OLIVEIRA FILHO, Paulo Furtado (Coord.). *Lei de recuperação e falência*: pontos relevantes e controversos da reforma pela Lei 14.112/2020. São Paulo: Editora Foco, 2021. v. 3, p. 73 a 91.
15. Recurso especial. Direito empresarial e processual civil. Falência. Banco santos S/A. Consolidação do quadro-geral de credores. Pagamento aos credores concursais na pendência de recursos sem efeito suspensivo. Possibilidade.

Da ementa destacamos:

A consolidação do quadro-geral de credores ocorre após o julgamento de todos os incidentes suscitados perante o juízo da falência, independentemente de trânsito em julgado.

Do voto do Ministro Paulo de Tarso Sanseverino, extrai-se:

Então, à medida que se posterga o pagamento aos credores, maior parcela do ativo é despendida com os gastos da própria massa, reduzindo-se a parcela destinada aos credores concursais. Como o pagamento dos credores é um dos principais objetivos da falência, não se pode admitir que o ativo arrecadado seja gradual e continuamente consumido pelos gastos da massa, sob pena de se transformar o processo falência num fim em si mesmo, sem efetividade prática para os credores da empresa falida.

(...)

Ora, se a lei prevê o estabelecimento de reserva "para fins de rateio", essa disposição só tem sentido se o rateio for efetuado antes do trânsito em julgado das impugnações, porque, depois, os créditos estarão definitivamente alterados, incluídos ou excluídos do quadro-geral de credores, não havendo mais necessidade dessa reserva de valores.

O Ministro ressalta que retardar o pagamento aos credores enseja maior custo para a massa, o que implica em menos recursos para os credores, importando destacar a percepção de que tudo que gera despesas para a massa acarreta piora ao resultado do processo de falência.

A observação do Ministro "para fins de rateio" é feita sobre o texto do artigo 16 da Lei 11.101/2005 vigente na época, e demonstra a preocupação com o pagamento aos credores com a maior brevidade possível.

Assim, o entendimento do Superior Tribunal de Justiça, exposto neste julgamento, foi no sentido que após julgados em primeira instância todos os incidentes apresentados por credores, poderia ter início o pagamento, mesmo que pendentes recursos.

Naquela época não havia previsão legal expressa autorizando o pagamento antes de consolidado o quadro geral de credores.

Visando dar celeridade ao pagamento, a Lei 14.112/2020 alterou o artigo 16 e introduziu o parágrafo segundo:

---

1. Insurgência contra decisão do juízo da falência que aprovou, em parte, proposta formulada pelo administrador judicial para rateio do ativo em favor dos credores.

2. A ausência de particularização do dispositivo legal tido por violado caracteriza deficiência na fundamentação, impedindo a abertura da via especial, ante a incidência da Súmula 284/STF.

3. A consolidação do quadro-geral de credores ocorre após o julgamento de todos os incidentes suscitados perante o juízo da falência, independentemente de trânsito em julgado.

4. A pendência de recurso sem agregação de efeito suspensivo contra decisão do juízo da falência não obsta a consolidação do quadro-geral de credores, não impedindo que se inicie o pagamento aos credores. Interpretação dos arts. 18 e 149 da Lei 11.101/05.

5. Necessidade de se garantir a efetividade do processo de falência.

6. Recurso Especial desprovido.

(REsp 1300455/SP, Rel. Ministro Paulo de Tarso Sanseverino, Terceira Turma, julgado em 17.10.2013, DJe 25.10.2013).

> § 2º Ainda que o quadro-geral de credores não esteja formado, o rateio de pagamentos na falência poderá ser realizado desde que a classe de credores a ser satisfeita já tenha tido todas as impugnações judiciais apresentadas no prazo previsto no art. 8º desta Lei, ressalvada a reserva dos créditos controvertidos em função das habilitações retardatárias de créditos distribuídas até então e ainda não julgadas.

Geraldo Fonseca de Barros Neto esclarece a redação do artigo 16:

> No intuito de promover mais celeridade na satisfação dos créditos na falência, outra novidade: não mais se espera o quadro geral de credores para se iniciarem os pagamentos. Para tanto, entendemos que as impugnações relativas aos créditos da respectiva classe a ser paga devem ter sido decididas (e não apenas "apresentadas", como consta na confusa redação, que parece ter dito menos do que gostaria e deveria), preservando-se a reserva de valor para as impugnações e as habitações retardatárias ainda não julgadas.[16]

Empiricamente, constata-se que vários processos de falência estão parados aguardando a consolidação do quadro geral de credores e nem mesmo os credores trabalhistas receberam seus créditos. Por isso, a alteração da Lei foi extremamente benéfica aos credores, ao desenvolvimento do processo de falência e à possibilidade de encerramento de diversos processos.

Outra importante alteração introduzida pela Lei 14.112/2020, relativa aos créditos, e que deve contribuir para o andamento e encerramento dos processos de falência foi a definição de prazo de 3 (três) anos, contados da sentença que decretou a quebra, para habilitação ou reserva de crédito, sob pena de decadência (Art. 10, § 10).

Antes dessa alteração, os credores poderiam apresentar habilitação de crédito a qualquer tempo, e processos com vários anos continuavam recebendo pedidos de habilitação.

Entende-se que a Lei não pode retroagir, por outro lado, nada impede a contagem do prazo de 03 (três) anos, para as falências em curso, contados do início de vigência da Lei 14.112/2020. Ou seja, a partir de 23 de janeiro de 2021 pode-se contar 3 (três) anos para declarar a decadência dos créditos não habilitados ou reservados em falências que já estavam em andamento.

6. ENCERRAMENTO DA FALÊNCIA FRUSTRADA

O Decreto-Lei 7.661/45 previa em seu artigo 75 a possibilidade de encerramento sumário da falência frustrada[17].

---

16. BARROS NETO, Geraldo Fonseca de. *Reforma da Lei de Recuperação Judicial e Falência*: comentada e comparada. Rio de Janeiro: Forense, 2021. p. 37.
17. Art. 75. Se não forem encontrados bens para serem arrecadados, ou se os arrecadados forem insuficientes para as despesas do processo, o síndico levará, imediatamente, o fato ao conhecimento do juiz, que, ouvido o representante do Ministério Público, marcará por editais o prazo de dez dias para os interessados requererem o que for a bem dos seus direitos.

    § 1º Um ou mais credores podem requerer o prosseguimento da falência, obrigando-se a entrar com a quantia necessária às despesas, a qual será considerada encargo da massa.

    § 2º Se os credores nada requererem, o síndico, dentro do prazo de oito dias, promoverá a venda dos bens porventura arrecadados e apresentará o seu relatório, nos termos e para os efeitos dos parágrafos 3º, 4º e 5º do art. 200.

    § 3º Proferida a decisão (art. 200, § 5º), será a falência encerrada pelo juiz nos respectivos autos.

A Lei 11.101/2005, que revogou o Decreto-Lei, não trazia em seu texto essa previsão, o que provocou a continuidade de processos falimentares sem qualquer ativo, ensejando perda de tempo e dinheiro para o Poder Judiciário, auxiliares, credores e devedores.

Por isso, o Tribunal de Justiça de São Paulo, mesmo sem previsão legal, já havia firmado entendimento no sentido de admitir o encerramento do processo de falência frustrada, permitindo a exigência, por parte do juízo, de prestação de caução por qualquer dos credores para garantir o mínimo de pagamento ao administrador judicial e despesas do processo, sob pena de encerramento do processo de falência, a exemplo da previsão do Decreto-Lei.[18]

A Lei 14.112/2020 introduziu o artigo 114-A na Lei 11.101/2005, restaurando a previsão anterior, trazendo texto bem semelhante ao do Decreto-Lei, permitindo o encerramento da falência quando não encontrados bens suficientes para as despesas do processo e quando nenhum credor se interessar por depositar valor equivalente a essas despesas mínimas.

Marlon Tomazzete explica como se dá esse processo:

> Diante da arrecadação nula ou insuficiente para os custos do processo, o administrador judicial informará imediatamente esse fato ao juiz que, ouvido o Ministério Público, mandará publicar edital abrindo o prazo de 10 dias, para manifestação dos credores. Nesse prazo, qualquer credor poderá requerer o prosseguimento do feito, desde que deposite os valores necessários para a continuação do processo, inclusive a remuneração do administrador judicial. Feito o depósito o processo continuará regularmente. Sem o depósito, o administrador judicial deverá vender o mais rápido possível o que foi arrecadado. No caso de bens móveis, o prazo máximo para venda é de 30 dias. No caso de bens imóveis, o prazo máximo para a venda é de 60 dias. Diante dos valores obtidos, o administrador apresentará um relatório sobre o que foi constatado e o que foi feito com os valores obtidos nas vendas. À luz desse relatório, o juiz deverá encerrar a falência, por sentença.[19]

Apesar de não ser a previsão expressa da Lei, entende-se que, além da possibilidade de depositar valores necessários para continuação do processo, qualquer credor poderia, também, indicar bens da falida de valor significativo para continuidade do processo. Isso porque um processo de falência com bens arrecadados tem prosseguimento sem nenhum tipo de depósito por parte de credores, logo, se um credor indica bem que não foi localizado, mas que justifique por si só o prosseguimento do processo, nada impede que se prossiga sem depósito.

Destaque-se que, para o encerramento sumário do processo falimentar, a Lei não exige o julgamento de impugnações, formação de quadro de credores ou mesmo publicação da lista de credores. Essa informação será importante para analisarmos um ponto a seguir, a possibilidade de suspensão de impugnações de crédito.

---

18. Agravo de Instrumento – Extinção da falência – Caução – Determinação para que credor preste caução para garantia dos honorários do administrador judicial – Admissibilidade diante da dúvida sobre a existência de ativos – Decisão que não foi objeto de recurso, nem foi prestada a garantia – Extinção do processo de falência que se mostra escorreita – Entendimento das Câmaras Reservadas de Direito Empresarial. Recurso desprovido. (TJSP; Agravo de Instrumento 2118853-70.2019.8.26.0000; Relator (a): Sérgio Shimura; Órgão Julgador: 2ª Câmara Reservada de Direito Empresarial; Foro Central Cível – 1ª Vara de Falências e Recuperações Judiciais; Data do Julgamento: 07.07.2020; Data de Registro: 09.07.2020).
19. TOMAZETTE, Marlon. *Comentários à reforma da Lei de Recuperação de Empresas e Falência*. São Paulo: Editora Foco, 2021. p. 144.

7. ENCERRAMENTO E EXTINÇÃO DO PROCESSO DE FALÊNCIA

O encerramento do processo de falência pode se dar de forma sumária, como visto em tópico anterior, quando não há bens suficientes para pagamento mínimo das despesas do processo e remuneração do administrador judicial, ou após a destinação de todo o valor apurado com a realização dos ativos, nos termos dos artigos 154 a 156.

O artigo 154 determina que, após realização de todo o ativo e distribuído o produto entre os credores, o administrador judicial apresentará suas contas. Complementando, o artigo 156 prevê que, apresentado o relatório final, o juiz encerrará a falência por sentença.

O encerramento da falência não depende de pagamento de todos os credores e tampouco da homologação do Quadro Geral de Credores.

O inciso VI do artigo 158 determina que o encerramento da falência, tanto nos casos de falência frustrada (art. 114-A), como de encerramento após destinação de todo o valor arrecadado (art. 156), extingue as obrigações do falido.

Assim, a Lei também não exige, para extinção das obrigações, o julgamento de todas as impugnações de crédito.

8. POSSIBILIDADE DE SUSPENSÃO DE IMPUGNAÇÕES DE CRÉDITO E AÇÕES EM FACE DA SOCIEDADE FALIDA

O presente artigo foi idealizado após dúvidas surgidas, quando da análise de um caso em concreto, sobre a possibilidade de suspensão de impugnações/habilitações de crédito e de ações, em face do falido, que discutissem créditos de classes que, possivelmente, não iram receber por insuficiência de recursos.

Acontece que, no bojo do processo 1077651-24.2019.8.26.0100, que tramita perante a 2ª Vara de Falências e Recuperações Judiciais da Comarca da Capital/SP, o Ministério Público do Estado de São Paulo apresentou parecer contrário à pretensão de suspensão de impugnações de crédito e ações ordinárias em face do falido.

Quando da elaboração deste artigo, ainda não havia decisão nos autos sobre o pedido.

Cuida-se de falência que tem como ativos apenas imóveis avaliados no total em R$ 258.000,00 (duzentos e cinquenta e oito mil reais), e que possui débitos, listados no segundo edital, na Classe I – R$ 225.417,10 (duzentos e vinte e cinto mil quatrocentos e dezessete reais e dez centavos), na Classe III – R$ 1.463.711,16 (um milhão quatrocentos e sessenta e três mil setecentos e onze reais e dezesseis centavos); e R$ 644.129,25 (seiscentos e quarenta e quatro mil, cento e vinte e nove reais e vinte e cinco centavos) na Classe VI – Quirografária.

Além disso, a falida possui mais de 300 (trezentas) ações ordinárias de indenização, que poderão ensejar novos créditos quirografários, caso julgadas procedentes, sendo certo que a massa falida sequer tem caixa disponível para arcar com os custos relativos à contratação de advogado para atuar nos processos em tramitação.

Soma-se a esse quadro diversas habilitações de credores, já distribuídas, inclusive de créditos trabalhistas, e muitas outras por vir à medida que os processos sejam julgados.

Nesse contexto, restando evidente que os créditos quirografários não seriam pagos, a administradora judicial propôs a suspensão das habilitações que pleiteavam a inclusão de crédito quirografário e das ações ordinárias que ensejariam a habilitação das classes definidas nos incisos IV, V, VI, VII, VIII e IX do artigo 83 da LREF, fundamentando que o custo para defesa dos processos pela massa falida reduziria o valor a ser rateado, que os credores dessas classes, autores das ações, não receberiam nenhum valor, e também sofreriam uma dupla penalização, pois contrairiam despesas para litigar e dispenderiam tempo com processos sem expectativa de retorno, além do trabalho despiciendo a ser desenvolvido pelo Juízo Falimentar e demais jurisdições onde tramitem outros processos envolvendo a massa falida.

Em parecer, o Ministério Público opinou pelo indeferimento do pedido, apontando que:

> Isso porque, de um lado, a par da constatada incapacidade da massa para pagamento da integralidade dos créditos já habilitados, inferindo-se a atual insuficiência de ativos para pagamento além das classes trabalhista (I) e tributária (III), não se pode olvidar eventual e futura possibilidade de arrecadação de novos bens e ativos em favor da massa falida, sendo certo que sequer houve a alienação dos bens imóveis até então arrecadados. Como se não bastasse, salvo melhor juízo, não se vislumbra qualquer fundamento jurídico para suspender indefinidamente o julgamento dos incidentes de habilitação e impugnação de créditos ainda em tramitação, de modo a impedir a consolidação do Quadro Geral de Credores da falência, ainda que relativos a créditos pertencentes a classes que não serão pagas. Ademais, a própria definição da classe em que cada crédito deve ser inserido é também objeto de julgamento dos referidos incidentes processuais.
>
> Do mesmo modo, também sem embasamento a pretensão de suspensão de ações de conhecimento em que a massa falida figura como parte nos respectivos juízos de origem, o que impediria, de um lado, o reconhecimento judicial de eventuais direitos das partes litigantes (tanto em favor de supostos credores da massa, quanto da própria massa falida, caso revertida a sucumbência), e de outro, também acabaria por refletir na não consolidação do Quadro Geral de Credores. Tal pedido contraria a expressa previsão do artigo 6º, § 1º, da Lei 11.101/2005 e, em última instância, fere os próprios princípios do direito de ação e de acesso à justiça, constitucionalmente garantidos.
>
> Com efeito, a insuficiência de ativos da massa falida, a princípio, não é fato impeditivo ou fundamento suficiente a obstar o reconhecimento dos direitos de credores da massa, tampouco sua habilitação para fazer constar da relação de credores a ser consolidada, se assim for do interesse dos respectivos titulares dos créditos.

Com a devida vênia, e com base no estudo apresentado nos tópicos anteriores, ousamos discordar da posição do *Parquet*, pelas seguintes razões

Sobre a possibilidade de serem encontrados outros bens, essa se mostra improvável à medida que foram realizadas pesquisas. Contudo, ainda que acontecesse, as ações estariam apenas suspensas, nada impedindo que voltassem a tramitar caso encontrados bens antes do encerramento do processo de falência.

Ademais, se a consolidação do quadro geral de credores não mais constitui condição para realizar os pagamentos, tampouco para o encerramento do processo de falência, não há porque obrigar o Poder Judiciário a julgar inúmeros processos e diversos incidentes de impugnação com a única finalidade de declarar um crédito que não será pago e estará extinto com o encerramento da falência.

Com relação ao artigo 6º, § 1º, entende-se que o dispositivo legal define, apenas, a competência para o julgamento das ações ilíquidas, mas não obriga que estas sejam julgadas. Ademais, deve ser distinguido o julgamento da ação ordinária no processo de recuperação judicial ou mesmo na falência quando o crédito perseguido tiver previsão de pagamento, da falência quando o crédito perseguido não tiver chance de recebimento. Tanto na recuperação judicial como na falência quando estiver em discussão crédito que terá chance de participar do rateio, faz sentido o julgamento, pois o valor apurado, se houver, será pago, assim, existe interesse individual, que não conflita com o coletivo, no resultado do processo. Por outro lado, no julgamento de ação em que discute-se crédito que não irá participar do rateio por insuficiência de recursos da massa falida, não faz sentido seu prosseguimento. Ainda que processualmente possa ser defendido o interesse jurídico do autor, o interesse coletivo deve se sobrepor e o processo deve ser suspenso.

Da mesma forma, não se estaria ferindo os princípios do direito de ação e acesso à justiça. O processo de falência terá os pagamentos realizados e será encerrado, por consequência as obrigações serão extintas. Ou seja, se a falência for encerrada antes do julgamento, o processo será extinto. Se o julgamento ocorrer antes, o crédito deverá ser habilitado, mas não será pago e igualmente será extinto. Ainda assim as ações e habilitações teriam que ser julgadas? Acredita-se que não, e que por isso a suspensão dessas ações até que se encontrasse mais ativos da falida ou até que o processo de falência fosse encerrado, não provoca nenhum prejuízo.

O direito coletivo de preservar os recursos da massa, e não gastá-los com honorários advocatícios em processos que discutem créditos que não serão pagos, deve se sobrepor ao direito individual de um credor que ainda queira a declaração de seu crédito, ainda que a declaração não tenha efeito prático para o recebimento.

Destaque-se, ainda, a autorização legal para encerramento da falência quando não são encontrados bens ou os encontrados são insuficientes para pagar despesas mínimas do processo, nos termos do artigo 114-A. Nesse cenário o processo falimentar pode ser encerrado sem que haja ao menos publicação da lista de credores, ou seja, nesses casos a LREF permite expressamente que os créditos não sejam discutidos e a falência seja encerrada, sem que haja sequer a publicação da primeira lista de credores e habilitação nos processos movidos em face da falida.

O professor Marcelo Barbosa Sacramone não trata especificamente da suspensão de ações ou impugnações, mas defende a ordem de apreciação das habilitações e impugnações, visando dar celeridade ao pagamento dos credores[20]:

> O dispositivo legal cria, assim, ordem de apreciação das habilitações e impugnações tempestivas, a ser realizada conforme a prioridade de pagamento das diversas classes de credores e como forma de permitir os rateios parciais antes da homologação do Quadro-Geral de Credores.

Na mesma linha de raciocínio, acrescentamos que a suspensão das ações e incidentes de créditos que, a princípio, não irão receber por insuficiência de recursos da massa falida contribui ao reduzir despesas da massa, maximizando os resultados para os credores, reduzindo o tempo de duração do processo de falência, de maneira que os credores receberão mais rápido, ressaltando-se que não há prejuízo para os

20. SACRAMONE, Marcelo Barbosa. *Comentários à lei de recuperação de empresas e falência*. 2. ed. São Paulo: Saraiva Educação, 2021. p. 143.

credores dos processos suspensos, posto que estes nada receberiam, de toda forma, por insuficiência de ativos.

Importante anotar que o entendimento ora defendido não possui previsão expressa na Lei, mas a interpretação integrada da legislação de regência nos permite defendê-lo. O artigo 16, § 2º, autoriza o pagamento independentemente da consolidação do quadro geral de credores; o artigo 156 permite o encerramento da falência sem a consolidação do quadro geral de credores, e o artigo 158, V, prevê a extinção das obrigações do falido quando do encerramento do processo falimentar. Além disso, o artigo 114-A permite o encerramento da falência frustrada sem consolidação do quadro de credores.

Assim, o julgamento dos incidentes ou mesmo das ações ordinárias de créditos relacionados às classes que não irão receber por insuficiência de recursos é perda de tempo, de foco e de recursos da massa, que ao final seriam destinados aos credores.

9. CONCLUSÃO

Diante do que foi analisado, podemos concluir que o processo de falência tem como premissas a imediata realização dos ativos, a rápida destinação dos recursos aos credores e o encerramento do processo com extinção das obrigações, permitindo o *fresh start*.

Nessa linha, podemos destacar, que falências sem ativos ou com ativos insuficientes para pagamento das despesas do processo devem ser de logo encerradas, nos termos do artigo 114-A.

Nas falências com ativos, o administrador judicial deverá apresentar plano de realização de ativos com estimativa de tempo não superior a 180 dias, nos termos do artigo 99, § 3º.

O leilão em terceira chamada admitirá lance por qualquer valor, não se aplicando ao procedimento o preço vil, consoante artigo 142, § 3º-A. A impugnação contra o valor de arrematação dependerá da apresentação de proposta firma de compra por valor superior e com depósito de 10% (dez por cento) do valor ofertado, como prevê o artigo 143, § 1º.

Consoante previsão do artigo 10, § 10, os credores terão prazo decadencial de 3 (três) anos, contados da publicação da sentença que decretar a falência, para habilitar ou pedir reserva de seus créditos.

O pagamento com os recursos arrecadados deve ter início imediato, bastando a análise de impugnações tempestivas e reserva de valor das intempestivas, da classe que irá receber, independentemente de consolidação do quadro de credores, com fulcro no artigo 16, § 2º (LREF).

No nosso entendimento, sendo evidenciado que algumas classes não irão receber, as impugnações e até processos ordinários relativos a essas classes devem ser suspensos, permitindo o trabalho otimizado e dedicado ao andamento do pagamento de quem deve receber.

O processo deve ser encerrado após a destinação de todo o recurso apurado aos credores, nos termos dos artigos 154 a 156 da LREF.

É preciso esquecer as travas existentes nas normas anteriores e acompanhar a evolução da Lei para fazer do processo de falência um processo com fim.

Ainda que não seja o fim idealizado e os credores não recebam, a culpa não é do processo de falência. Afinal, como dito pelo professor Júlio Mandel em aula, citando provérbio alemão: "*melhor um fim horroroso do que um horror sem fim*".

10. REFERÊNCIAS

BARROS NETO, Geraldo Fonseca de. *Reforma da Lei de Recuperação Judicial e Falência: comentada e comparada*. Rio de Janeiro: Forense, 2021.

BEZERRA FILHO, Manoel Justino. SANTOS, Eronides A. Rodrigues dos Santos. *Lei de recuperação de empresas e falência [livro eletrônico]*: Lei 11.101/2005: comentada artigo por artigo. 6. ed. São Paulo: Thomson Reuters Brasil, 2021.

COELHO, Fábio Ulhoa. *Comentários à Lei de Falências e de Recuperação de Empresas*. 14. ed. São Paulo: Thomson Reuters Brasil, 2021.

HAZLITT, Henry. *Economia numa única lição*. Trad. Leônidas Gontijo de Carvalho. São Paulo: Instituto Ludwig von Mises Brasil, 2010.

NEGRÃO, Ricardo. *Curso de direito comercial e de empresa*. Recuperação de empresas, falência e procedimentos concursais administrativos. 15 ed. São Paulo: Saraiva Educação, 2021. v. 3.

OLIVEIRA FILHO, Paulo Furtado (Coord.). *Lei de recuperação e falência*: pontos relevantes e controversos da reforma pela Lei 14.112/2020. São Paulo: Editora Foco, 2021.

PACHECO, José da Silva. *Processo de Falência e Concordata (Comentários à Lei de Falências)*. 2. ed. Guanabara: Borsoi, 1971. v. II.

SACRAMONE, Marcelo Barbosa. *Comentários à lei de recuperação de empresas e falência*. 2. ed. São Paulo: Saraiva Educação, 2021.

TOMAZETTE, Marlon. *Comentários à reforma da Lei de Recuperação de Empresas e Falência*. São Paulo: Editora Foco, 2021.

VALVERDE, Trajano de Miranda. *Comentários à Lei de Falências (Decreto-lei 7.661, de 2 de junho de 1945)*. 3. ed. São Paulo: Forense, 1962. v. II.

AS ALTERAÇÕES NA EXTINÇÃO DAS OBRIGAÇÕES DO FALIDO

Antonia Viviana Santos de Oliveira Cavalcante

Pós-graduada em Recuperação de Empresas e Falências pela Faculdade Autônoma de Direito. Pós-graduada em Recuperação de Empresas e Falências pela Pontifícia Universidade Católica. Pós-graduada em Direito Processual Civil pelas Faculdades Metropolitanas Unidas. Graduada em Ciências Contábeis pela Universidade Cruzeiro do Sul. Especialista em Recuperação Judicial e Falências pela Escola Superior de Advocacia. Relatora da 23ª Turma do Tribunal de Ética e Disciplina da OAB/SP. Mediadora e Conciliadora. Atua como Administradora Judicial em processos de recuperação judicial e falência em todo o estado de São Paulo. Sócia-fundadora da empresa de administração judicial ACFB Administração Judicial Ltda. Advogada graduada pelas Faculdades Metropolitanas Unidas.

1. INTRODUÇÃO

A Lei 14.112/2020 foi um marco importante na insolvência brasileira, ao trazer diversas inovações no instituto falimentar, dentre elas substanciais alterações nos dispositivos que tratam da extinção das obrigações do falido que será objeto de análise no presente artigo.

A extinção das obrigações, em que pese não seja usualmente vista nos processos falimentares, possui grande importância ao falido, haja vista que, com a decretação da falência, ele fica inabilitado para desenvolver qualquer atividade empresarial até que haja a extinção das suas obrigações por sentença, de forma que a mera sentença de encerramento da falência não era considerada suficiente para possibilitar a retomada das atividades pelo falido[1].

A referida inabilitação para o exercício da atividade empresarial, decorrente da decretação da falência, encontra-se prevista no art. 102 da Lei 11.101/2005[2], bem como

1. SACRAMONE, Marcelo Barbosa. *Comentários à lei de recuperação de empresas e falência*. 2. ed. São Paulo: Saraiva Educação, 2021, p. 600.
2. Art. 102. O falido fica inabilitado para exercer qualquer atividade empresarial a partir da decretação da falência e até a sentença que extingue suas obrigações, respeitado o disposto no § 1º do art. 181 desta Lei.
   Parágrafo único. Findo o período de inabilitação, o falido poderá requerer ao juiz da falência que proceda à respectiva anotação em seu registro.

irradia seus efeitos ao falido que é o empresário devedor que teve a sua falência decretada[3], obstando o desenvolvimento de atividade empresarial que envolva a circulação e produção de bens ou prestação de serviços, não representando afronta ao princípio constitucional da livre iniciativa, haja vista se tratar de norma constitucional de eficácia contida, possibilitando a sua restrição pela lei[4].

Noutro turno, Manoel Justino de Bezerra Filho[5] relembra que "em princípio, a inabilitação não atinge os sócios de responsabilidade limitada (Mamede, p. 392), a menos que estes sejam administradores da sociedade, por força do § 2º do art. 81, e venham a ser condenados criminalmente, com aplicação da pena do inc. I do art. 181".

Acerca da questão, Marcelo Barbosa Sacramone[6] ressalta que "a inabilitação é limitada ao desenvolvimento de atividade empresarial apenas. Poderá o falido ser sócio de outras pessoas jurídicas e mesmo ser administrador, desde que não tenha sido condenado por crime falimentar, assim como empregado".

Nesse sentido, a automática inabilitação decorrente da sentença de quebra tem como finalidade impedir que o empresário falido possa aumentar o seu passivo, em prejuízo aos credores, e cessará com a sentença de extinção das obrigações do falido, na forma do art. 158 da Lei 11.101/2005[7], não bastando apenas o mero encerramento da falência.

Segundo Manoel Justino Bezerra Filho[8], em comentário ao texto da Lei 11.101/2005 em sua redação originária, "a sentença de encerramento da falência tem caráter meramente processual, permanecendo o devedor falido com todas as obrigações em aberto. O que libera efetivamente o devedor falido do pagamento dos débitos ainda em aberto será a sentença de extinção das obrigações, de natureza substantiva [...]"

---

3. Agravo de Instrumento – Efeitos da falência em relação aos sócios de responsabilidade limitada – Pretensão dos sócios à declaração de que os efeitos da falência não os atingem e à inexistência de responsabilidade pessoal frente às obrigações sociais e afastamento da inabilitação para as atividades empresariais – Decisão singular que indefere a tutela de urgência – Minuta recursal que insiste nos prejuízos decorrentes da "extensão dos efeitos da falência de fato" – Descabimento – Os requisitos para a tutela de urgência não se mostram evidentes – Falido – Sociedade empresária ou empresário individual sofre efeitos legalmente previstos decorrentes da sentença de quebra, porém, a extensão desses efeitos aos sócios exige procedimento próprio e não se revelaram presentes no caso em tela – Declaração pretendida que se mostra prematura – Decisão mantida – Agravo improvido. Dispositivo: negaram provimento. (TJ-SP - AI: 21203185120188260000 SP 2120318-51.2018.8.26.0000, Relator: Ricardo Negrão, Data de Julgamento: 06.02.2019, 2ª Câmara Reservada de Direito Empresarial, Data de Publicação: 06.02.2019).
4. SACRAMONE, op. cit., p. 486.
5. BEZERRA FILHO, Manoel Justino; SANTOS, Eronides A. Rodrigues dos, coautoria especial. *Lei de recuperação de empresas e falência*: Lei 11.101/2005: comentada artigo por artigo. 15. ed. rev., atual. e ampl. São Paulo: Thomson Reuters, 2021, p. 431.
6. SACRAMONE, op. cit., p. 486/487.
7. Art. 158. Extingue as obrigações do falido:

   I – o pagamento de todos os créditos;

   II – o pagamento, após realizado todo o ativo, de mais de 25% (vinte e cinco por cento) dos créditos quirografários, facultado ao falido o depósito da quantia necessária para atingir a referida porcentagem se para isso não tiver sido suficiente a integral liquidação do ativo;

   III – (revogado);

   IV – (revogado);

   V – o decurso do prazo de 3 (três) anos, contado da decretação da falência, ressalvada a utilização dos bens arrecadados anteriormente, que serão destinados à liquidação para a satisfação dos credores habilitados ou com pedido de reserva realizado;

   VI – o encerramento da falência nos termos dos arts. 114-A ou 156 desta Lei.
8. BEZERRA FILHO, op. cit., p. 520.

Postas tais premissas, o presente artigo tem como objetivo tratar das substanciais alterações trazidas pela Lei 14.112/2020 no instituto da extinção das obrigações do falido.

2. DAS ALTERAÇÕES TRAZIDAS PELA LEI 14.112/2020 NO INSTITUTO DA EXTINÇÃO DAS OBRIGAÇÕES DO FALIDO E DA IMPLEMENTAÇÃO DO CONCEITO DO *"FRESH START"*

Nessa perspectiva, as alterações legislativas trazidas pela Lei 14.112/2020 tentaram trazer o conceito existente na legislação falimentar americana do "fresh start", que representa "novo começo" e visa fomentar a atividade empresarial, possibilitando que o empresário falido possa retornar rapidamente ao mercado.

Isso porque na cultura brasileira a insolvência possui uma conotação pejorativa, fazendo com que o empresário falido passe a carregar a pecha de mau pagador, mesmo que a sua falência não tenha sido ocasionada de maneira intencional ou com o intuito fraudulento.

Inegável, portanto, a relevância da sentença de extinção das obrigações do falido para o empresário que teve a sua falência decretada, já que com a sua prolação cessa a inabilitação decorrente da quebra e será possível a retomada das atividades empresariais.

Acerca da possibilidade de retomada das atividades pelo devedor falido, Manoel Justino Bezerra Filho[9], ressalta que

> "o decreto falimentar transforma o falido em uma espécie de "morto-vivo", pois após a sentença de encerramento e a sentença de extinção das obrigações, os sócios podem voltar à atividade empresarial com a mesma sociedade empresária "revertendo os efeitos dissolutórios da falência com o objetivo de fazê-la retornar à exploração da atividade" [...] Por outro lado, é certo que dificilmente haverá interesse na "ressurreição" da falida, pois seu bom nome empresarial não mais existirá, sua história estará indelevelmente marcada pela falência; de qualquer forma, não há impedimento legal à retomada da atividade se, por qualquer motivo houver tal interesse".

Nessa direção, o art. 158 da Lei 11.101/2005 já apresentava o rol taxativo das possibilidades para requerimento da extinção das obrigações do falido e foi substancialmente alterado pela entrada em vigor da Lei 14.112/2020, visando à implementação do conceito do "fresh start".

2.1 O art. 158, incisos I e II: extinção das obrigações em razão do pagamento integral ou parcial

O inciso I do referido dispositivo trata da possibilidade de extinção das obrigações com o pagamento de todos os créditos, o que se mostra extremamente raro nos processos falimentares e com pouca aplicabilidade prática.

Ademais, o inciso II previa a possibilidade de extinção das obrigações do falido com o pagamento de mais de 50% dos créditos quirografários, depois de realizado todo o ativo, o que restringia bastante a possibilidade de sua aplicação, haja vista que, na prá-

9. Ibidem, p. 432.

tica, na grande maioria dos processos de falência os ativos arrecadados não se mostram suficientes no mais das vezes para saldar sequer os créditos trabalhistas.

Além disso, praticamente todas as empresas que trilham um cenário falimentar possuem grande passivo tributário, o qual deve ser saldado preferencialmente aos créditos quirografários, de forma que, exemplificativamente, em uma falência em que somente haja créditos concursais e os ativos tenham sido suficientes para pagamento da integralidade dos créditos trabalhistas, seria necessário que o falido realizasse o depósito da quantia necessária para obtenção da quitação das classes antecedentes – garantia real e tributária –, caso haja, bem como o pagamento de 50% dos créditos quirografários, o que fez com que tal dispositivo legal não fosse usualmente aplicado nas falências.

Isso porque, comumente o falido se encontra em uma situação de grande dificuldade financeira, já que na maioria dos casos a empresa, cuja falência foi decretada, tratava-se de sua única fonte de renda, não possuindo os recursos financeiros necessários para saldar tais créditos.

Assim, visando flexibilizar a aplicação do referido dispositivo legal, a reforma legislativa reduziu o percentual necessário de pagamento pela metade, passando a ser de 25% do passivo quirografário, contudo, apesar do esforço do legislador, na prática a sua aplicação ainda será restritiva, haja vista a necessidade preliminar de quitação das classes antecedentes, o que abarca o alto passivo tributário das empresas falidas.

Ademais, importante ressaltar que o pagamento dos 25% do passivo quirografário deve ser feito com a aplicação de correção monetária desde a data da falência, haja vista que a correção visa apenas possibilitar a recomposição do poder aquisitivo da moeda, sem representar um *plus* ao crédito, consoante já reconhecido pelo Superior Tribunal de Justiça, *in verbis*:

> [...] 1. A simples correção monetária plena é mecanismo mediante o qual se empreende a recomposição da efetiva desvalorização da moeda, com o escopo de preservar o poder aquisitivo original, não constituindo um *plus* que se acrescenta ao crédito, mas um minus que se evita. [...][10]

Por fim, ressalta-se que o referido pagamento não contempla juros, haja vista que, consoante previsão contida no art. 124 da legislação falimentar[11], os juros, posteriores a decretação da quebra, somente serão exigíveis se o ativo apurado for suficiente para pagamento dos credores subordinados, ou seja, a incidência dos juros se limita apenas aos casos de falência superavitária.

2.2 O artigo 158, inciso V: a extinção de obrigações pelo decurso do prazo de 3 anos, contado da decretação da falência

Em sua redação original, os incisos III e IV do artigo 158 previam a necessidade de se aguardar o decurso, contado do encerramento da falência, do prazo de 5 anos, quando não houvesse condenação por crime falimentar e de 10 anos, nos casos de condenação,

10. STJ – AgRg no REsp: 1315186 MS 2012/0057059-6, Relator: Ministro Luis Felipe Salomão, Data de Julgamento: 02.02.2016, T4 – Quarta Turma, Data de Publicação: DJe 11.02.2016.
11. Art. 124. Contra a massa falida não são exigíveis juros vencidos após a decretação da falência, previstos em lei ou em contrato, se o ativo apurado não bastar para o pagamento dos credores subordinados.

para que fosse requerida a extinção das obrigações, o que dificultava bastante a sua aplicabilidade, haja vista que, na prática, os processos falimentares são feitos volumosos, extremamente complexos e que envolvem um grande número de partes interessadas, com uma tramitação processual prolongada.

Diante disso, com o intuito de implementação do "novo começo", o legislador optou por reduzir e alterar o termo inicial da sua contagem, passando agora a ser de 3 anos, contado da decretação da falência e não do seu encerramento.

Nesse ponto, a redução do prazo, de 5 ou 10 para 3 anos, chama atenção, mas a alteração do marco inicial da sua contagem possui maior relevância, haja vista que os processos de falência, em razão da sua complexidade e vulto, possuem termo final indefinido. Portanto, agora é possível ao falido saber com exatidão quando será possível solicitar a extinção das obrigações, com a sua consequente reabilitação para o desenvolvimento das atividades empresariais.

Ademais, com relação à alteração no termo inicial para contagem do prazo para extinção das obrigações do falido, colaciona-se julgado da década de 60, demonstrando que já existia, de longa data, a preocupação com o prolongamento da tramitação dos feitos falimentares, de forma que, nos termos do referido julgado, a contagem do prazo deveria ser realizada a partir da data em que a falência deveria ser encerrada. Veja-se:

> O prazo para extinção de obrigações do falido deve ser contado a partir da data em que a falência deverá ser encerrada, sem a exigência da sentença de encerramento. recurso conhecido e provido.[12]

Por outro lado, como o simples decurso do prazo de 3 anos da decretação da falência será suficiente para que seja apresentado o requerimento para extinção das suas obrigações, certamente os empresários falidos deixarão de se esforçar para angariarem os recursos necessários para realizar o pagamento de mais de 25% dos créditos quirografários, o que poderá tornar o inciso II letra morta da lei.

Acerca da redução do prazo trazida pela alteração legislativa, Manoel Justino Bezerra Filho[13] acertadamente ressalta:

> "Este diminuto prazo de 3 anos tem como substrato a busca do legislador pela rápida reabilitação do empresário, para que possa voltar a exercer atividade empresarial. No entanto, a experiência do dia a dia mostra que, em três anos, é possível que ainda se esteja em fase quase inicial do andamento da falência, processo extremamente complexo e naturalmente lento, pela quantidade de questões que se apresentam para solução".

Em prosseguimento, o i. jurista[14] assevera que: "cautelosamente, quase reconhecendo um certo açodamento no prazo de 3 anos, prossegue o inciso ressalvando que o feito continuará caminhando para a liquidação dos bens já arrecadados, valores que se destinarão à satisfação dos credores habilitados e/ou aqueles com pedido de reserva realizado".

---

12. STF – RE: 37017, Relator: Lafayette de Andrada, Data de Julgamento: 20.05.1958, Segunda Turma, Data de Publicação: ADJ DATA 16.08.1963 PP-00707 EMENT VOL-00349 PP-00509 EMENT VOL-00349-02 PP-00509 RTJ VOL-00006-01 PP-00118.
13. Ibidem, p. 521.
14. Ibidem, p. 521.

Importante a observação acima transcrita porque, ao final do prazo de 3 anos, poderá ainda estar em trâmite ação revocatória, que tenha por objeto, a título de exemplo, a declaração de ineficácia da alienação de determinado imóvel, ainda não arrecadado. Caso extintas as obrigações, ao cabo do triênio, e depois venha a transitar em julgado a sentença que julgou procedente a ação revocatória, não se poderá impedir a futura arrecadação do imóvel. Portanto, a interpretação adequada do artigo 158, inciso V, deve ser no sentido de que responderão pelo pagamento do passivo não apenas os bens já arrecadados na data da sentença do encerramento, mas igualmente os bens que vierem a ser integrados à massa falida em decorrência de ações revocatórias que vierem a ser definitivamente julgadas procedentes.

Visando contextualizar tal questão relativa ao encerramento da falência e extinção das obrigações do falido, a título exemplificativo, recorda-se de um processo de falência que tramitava há algumas décadas, com um alto passivo habilitado, em que foram arrecadados parcos bens móveis e houve o ajuizamento de ação revocatória visando à declaração de ineficácia de algumas alienações de bens ocorridas durante o termo legal da falência[15].

Após o longo trâmite processual, o pedido foi julgado procedente, com o retorno dos bens ao patrimônio da massa falida, no entanto, passados alguns anos do trânsito em julgado da referida sentença, tais bens não haviam sido arrecadados e, em paralelo, nos autos principais o falido realiza o depósito de quantia que supostamente seria suficiente para quitação dos créditos, almejando o encerramento da falência e extinção das obrigações.

Ocorre que, em tal situação, sendo constatada a existência de diversos bens, decorrentes da sentença da ação revocatória, que não haviam sido arrecadados, resta obstada a possibilidade de encerramento da falência, em razão da necessidade de arrecadação e venda de tais bens, haja vista que, havendo a suficiência de ativos deverão ser pagos os juros devidos desde a quebra.

O Tribunal de Justiça do Estado de São Paulo, ao analisar recurso tratando da questão, reconheceu a impossibilidade do encerramento da falência, haja vista que a constatação quanto a incidência ou não de juros somente poderia ser aferida após a arrecadação e avaliação dos bens advindos da ação revocatória, nos termos do excerto abaixo transcrito:

> Falência da Empresa "Tecelagem Satúrnia S/A" – Decisão Que Indeferiu O Pedido de encerramento da falência – Preliminar de não conhecimento do recurso – Alegação de inexistência de interesse recursal – Preliminar que diz respeito ao próprio mérito do recurso, de modo que será com ele analisada – Sócio falido que pretende o encerramento da falência, ao argumento de que sua filha adquiriu alguns créditos (por meio de cessão) e efetuou o depósito judicial para o pagamento dos demais créditos não cedidos – Descabimento – Ação revocatória que foi julgada procedente no curso da falência, sendo de conhecimento da empresa falida, do sócio e da filha cessionária – Depósito realizado nos autos quando a ação revocatória já havia sido julgada procedente, bem como considerando cálculo que não contemplou quaisquer juros – Juros que, nos termos do art. 26 do Decreto-Lei 7.661/45, são devidos desde que o ativo se mostre suficiente para pagamento do principal – A incidência de juros, por ser questão de ordem pública, pode ser conhecida de ofício, independentemente de manifestação das

---

15. Processo 0509789-41.1992.8.26.0100 – Falida: Tecelagem Saturnia S/A. – 3ª Vara de Falências e Recuperações Judiciais da Comarca da Capital.

partes, sem importar em violação ao art. 141 do CPC, à coisa julgada ou à segurança jurídica – Juízo a quo que corretamente determinou a correção do relatório, para constar os dados relativos à falência da subsidiária integral da Satúrnia (Cruzeiro do Sul), as penhoras referentes a créditos tributários e os bens imóveis concernentes à ação revocatória julgada procedente – Impossibilidade, por ora, de se decretar o encerramento da falência, considerando-se que a incidência ou não de juros somente poderá ser constatada quando da arrecadação e avaliação dos imóveis – Decisão mantida – Recurso desprovido[16].

Por outro lado, fazendo-se um paralelo com a extinção das obrigações do falido, também não se mostra possível a aplicação do inciso II do art. 158[17], mesmo que com a sua nova redação trazida pela Lei 14.112/2020[18], haja vista que, mesmo com a realização do depósito dos valores, existiam ativos não realizados, o que impossibilita o reconhecimento quanto à extinção das obrigações.

2.3 O artigo 158, inciso VI: a extinção de obrigações pelo encerramento da falência

Com a Lei 14.112/2020 houve a inserção do inciso VI ao art. 158, que prevê a extinção das obrigações com o encerramento da falência nos termos dos arts. 114-A[19] ou 156[20], que tratam das hipóteses de encerramento sumário, quando não houver bens suficientes para custear as despesas do processo, e encerramento ordinário, após a realização de todo o ativo arrecadado e o pagamento dos credores.

Nesse ponto, importante ressaltar que o encerramento sumário de falências sem ativos já vinha sendo implementado pelos tribunais pátrios e foi referendado pelo Superior Tribunal de Justiça, de forma que, nos casos em que fosse constatado pelo magistrado indícios de que não existiriam bens passíveis de arrecadação, preliminarmente à nomeação de administrador judicial havia a determinação para que o requerente da falência realizasse o depósito de um caução à título de honorários do futuro administrador judicial, sob pena de encerramento sumário da falência[21].

16. TJ-SP – AI: 22623383120198260000 SP 2262338-31.2019.8.26.0000, Relator: Angela Lopes, Data de Julgamento: 27.10.2020, 9ª Câmara de Direito Privado, Data de Publicação: 05.11.2020.
17. II – o pagamento, depois de realizado todo o ativo, de mais de 50% (cinquenta por cento) dos créditos quirografários, sendo facultado ao falido o depósito da quantia necessária para atingir essa porcentagem se para tanto não bastou a integral liquidação do ativo.
18. II – o pagamento, após realizado todo o ativo, de mais de 25% (vinte e cinco por cento) dos créditos quirografários, facultado ao falido o depósito da quantia necessária para atingir a referida porcentagem se para isso não tiver sido suficiente a integral liquidação do ativo.
19. Art. 114-A. Se não forem encontrados bens para serem arrecadados, ou se os arrecadados forem insuficientes para as despesas do processo, o administrador judicial informará imediatamente esse fato ao juiz, que, ouvido o representante do Ministério Público, fixará, por meio de edital, o prazo de 10 (dez) dias para os interessados se manifestarem.
20. Art. 156. Apresentado o relatório final, o juiz encerrará a falência por sentença e ordenará a intimação eletrônica às Fazendas Públicas federal e de todos os Estados, Distrito Federal e Municípios em que o devedor tiver estabelecimento e determinará a baixa da falida no Cadastro Nacional da Pessoa Jurídica (CNPJ), expedido pela Secretaria Especial da Receita Federal do Brasil.
21. Recurso especial. Falência. Nomeação de administrador judicial. Caução da remuneração. Responsabilidade. Art. 25 da Lei 11.101/2005. Efeito suspensivo. Impossibilidade. 1. Inviável a apreciação do pedido de efeito suspensivo a recurso especial feito nas próprias razões do recurso. Precedentes. 2. O art. 25 da Lei 11.101/2005 é expresso ao indicar o devedor ou a massa falida como responsável pelas despesas relativas à remuneração do administrador judicial. 3. Na hipótese, o ônus de providenciar a caução da remuneração do administrador judicial recaiu sobre o credor, porque a empresa ré não foi encontrada, tendo ocorrido citação por edital, além de não se saber se os

No entanto, em tais casos, o encerramento ocorria com a subsistência das dívidas, de forma que não havia a declaração de extinção das obrigações.

Veja-se, portanto, que, como já referido anteriormente, apenas o encerramento da falência não era suficiente para a extinção das obrigações.

Agora, não havendo arrecadação de bens que suportem as despesas do processo falimentar, ou tendo os bens sido integralmente liquidados e destinado o produto da venda ao pagamento dos credores, antes do prazo de 3 anos contado da decretação da falência, o processo de falência deverá ser encerrado e automaticamente estarão extintas as obrigações do falido.

Trata-se de previsão que decorre do disposto no inciso III do art. 75 da legislação falimentar, ao dispor que uma das finalidades da falência consiste em "fomentar o empreendedorismo, inclusive por meio da viabilização do retorno célere do empreendedor falido à atividade econômica".

Por outro lado, acerca da questão, Marcelo Barbosa Sacramone[22] afirma que, "além do preenchimento de um desses requisitos para a extinção das obrigações do falido, por sentença, o Código Tributário Nacional determinou em seu art. 191, por meio de sua nova redação conferida pela Lei Complementar 118/2005 e que o adaptou à legislação falimentar, que a extinção das obrigações do falido requereria prova de quitação de todos os tributos."

Ocorre que, diferentemente do que ocorria no Decreto Lei 7.661/1945, em que os créditos tributários não se sujeitavam ao concurso de credores[23], a partir da Lei 11.101/2005 tais créditos públicos passaram a se sujeitar a pagamento de acordo com a ordem prevista no artigo 83, após os credores trabalhistas e os titulares de direito real de garantia, e, ainda, a partir da Lei 14.112/2020, não compete ao juízo da execução fiscal realizar qualquer ato de constrição contra a massa falida ou distribuir qualquer quantia em favor da Fazenda Pública como credora.

É relevante ressaltar que o encerramento da falência, por ausência de ativos, já foi reconhecido pela jurisprudência pátria como perda do interesse de agir do fisco em execuções fiscais. Veja-se:

bens arrecadados serão suficientes a essa remuneração. 4. É possível a aplicação do art. 19 do Código de Processo Civil ao caso em apreço, pois deve a parte litigante agir com responsabilidade, arcando com as despesas dos atos necessários, e por ela requeridos, para reaver seu crédito. 5. Recurso especial não provido. (STJ – REsp: 1526790 SP 2015/0081713-5, Relator: Ministro Ricardo Villas Bôas Cueva, Data de Julgamento: 10.03.2016, T3 – Terceira Turma, Data de Publicação: DJe 28.03.2016).

22. SACRAMONE, op. cit., p. 600.
23. Recurso especial. Falência. Dl 7.661/1945. Extinção das obrigações do falido. Decurso do prazo de cinco anos. Prova da quitação de tributos. Desnecessidade. 1 – Extinção das obrigações do falido requerida em 16/8/2012. Recurso especial interposto em 19/8/2016 e atribuído à Relatora em 26.08.2016. 2 – Controvérsia que se cinge em definir se a decretação da extinção das obrigações do falido prescinde da apresentação de prova da quitação de tributos. 3 – No regime do DL 7.661/1945, os créditos tributários não se sujeitam ao concurso de credores instaurado por ocasião da decretação da quebra do devedor (art. 187), de modo que, por decorrência lógica, não apresentam qualquer relevância na fase final do encerramento da falência, na medida em que as obrigações do falido que serão extintas cingem-se unicamente àquelas submetidas ao juízo falimentar. 4 – Recurso especial provido. (STJ – REsp: 1426422 RJ 2013/0414746-5, Relator: Ministra Nancy Andrighi, Data de Julgamento: 28.03.2017, T3 – Terceira Turma, Data de Publicação: DJe 30.03.2017).

Execução fiscal. Falência. Encerramento sem bens. Perda do interesse de agir da exequente. Extinção. Cabimento. O encerramento do processo falimentar sem bens e sem possibilidade de quitação dos débitos fiscais implica a perda do interesse de agir da exequente, por falta de objeto (art. 267, VI, do CPC).[24]

Ainda, é de se questionar a real natureza jurídica de uma norma que determina a extinção de todas as obrigações do falido, inclusive das de natureza tributária, por força de encerramento da falência após a liquidação de todo o ativo ou da insuficiência dele para suportar as despesas do processo. Seria mesmo vedado à legislação ordinária disciplinar a matéria?

É sabido que a CF/88 exigiu, em seu artigo 146, III, que normas gerais em matéria tributária fossem editadas por lei complementar, e a jurisprudência do Supremo Tribunal Federal sedimentou o entendimento de que o Código Tributário Nacional, por tratar de normas gerais, foi recepcionado, ao menos em parte, com "*status*" de lei complementar.

O próprio art. 146, III, esclarece o que a lei complementar deve regular, tais como os fatos geradores, a base de cálculo, os contribuintes, a obrigação, o crédito, a prescrição e a decadência, matérias de natureza geral, porque dizem respeito a qualquer tributo, e por isso exigem uma legislação uniforme em nível nacional.

No entanto, diferente é a natureza jurídica de uma norma de extinção de obrigação do falido em razão do encerramento da falência, pois a situação aqui disciplinada não tem generalidade, e sim é específica dos contribuintes falidos, quer os com patrimônio insuficiente para as despesas do processo, quer os que já tiveram seus ativos realizados integralmente para pagamento de seus credores, segundo a ordem legal.

Nessa linha de raciocínio, nos casos em que a falência tenha sido encerrada por ausência de ativos ou por realização de todo o ativo e pagamento aos credores, não pode mais prevalecer o entendimento de que os créditos fiscais não se enquadram nas obrigações a serem extintas automática e exclusivamente pelo decurso do prazo previsto na legislação falimentar, em razão da previsão contida no art. 191 do Código Tributário Nacional.[25]

O entendimento de que a norma do artigo 191 do CTN não é uma norma geral tributária e que o artigo 158 da Lei 11.101/2005 não viola o artigo 146, III, da Constituição Federal é o que mais se harmoniza com o objetivo de fomento ao empreendedorismo enunciado na Lei 14.112/2020.

Assim, na visão de Marcelo Barbosa Sacramone[26], "a falência perde seu caráter punitivo. O risco é da essência do empresário, que faz do desenvolvimento da atividade econômica sua profissão. Natural que, diante do risco, seja exposto ao sucesso de sua atividade e, eventualmente, ao insucesso", bem como arremata ressaltando que "a partir da extinção de suas obrigações pela liquidação de seus bens, o fomento ao empreendedorismo permitirá que o empresário se restabeleça e possa voltar a desenvolver sua atividade empresarial, em benefício de todos e do desenvolvimento econômico nacional".

24. TRF-4 – AC: 50314284920134047100 RS 5031428-49.2013.404.7100, Relator: Maria De Fátima Freitas Labarrère, Data de Julgamento: 26.03.2014, Primeira Turma, Data de Publicação: D.E. 27.03.2014.
25. Art. 191. A extinção das obrigações do falido requer prova da quitação de todos os tributos.
26. SACRAMONE, op. cit., p. 403.

2.4 Alterações no procedimento para declaração de extinção de obrigações

Importante ressaltar que o procedimento para processamento do pedido de extinção das obrigações do falido também foi reformulado pela Lei 14.112/2020, com o intuito de prestigiar a celeridade e economia processual.

Anteriormente, configurada qualquer das hipóteses do art. 158, o falido deveria apresentar requerimento que seria autuado em apartado e publicado por edital, na imprensa oficial e em jornal de grande circulação, com a abertura do prazo de 30 dias para os credores apresentarem eventuais oposições.

Após, no prazo de 5 dias o juiz deveria proferir sentença, contudo, caso o requerimento fosse anterior ao encerramento da falência, as obrigações somente serão declaradas extintas na sentença de encerramento.

Com a reformulação do procedimento, apresentado o pedido pelo falido, a secretaria do juízo publicará imediatamente a informação sobre o pedido para que, no prazo comum de 5 dias, qualquer credor, o administrador judicial e o Ministério Público poderão manifestar-se exclusivamente para apontar inconsistências formais e objetivas. Também é oportuna a intimação das Fazendas Públicas porque, como exposto acima, a extinção de obrigações tributárias também estará sujeita à nova disciplina legal.

É possível inferir que o legislador primou pela celeridade ao reduzir o prazo para manifestação dos interessados de 30 para 5 dias, bem como limitou as matérias que podem ser arguidas apenas para inconsistências formais e objetivas.

Houve ainda alteração no prazo para sentença, que passou a ser de 15 dias, no entanto, a maior modificação se refere à previsão de que a sentença desde logo declarará extintas as obrigações, inclusive trabalhistas, mesmo que seja anterior ao encerramento da falência.

Isso significa, na prática, que havendo o decurso do prazo de 3 anos, contado da decretação da falência, ainda que o processo não tenha sido encerrado, o falido poderá obter a declaração de extinção das obrigações e sua reabilitação para o desenvolvimento de atividade empresarial, enquanto que a falência prosseguirá com a realização dos ativos arrecadados, bem como os que vierem a ser arrecadados por força de ações revocatórias julgadas procedentes, e para o pagamento dos credores habilitados e pedidos de reserva.

Segundo Manoel Justino Bezerra Filho[27] "se houver oposição, o procedimento se "ordinarizará", observando o procedimento comum do art. 138 do CPC/2015, com as diligências processuais necessárias para que venham aos autos os elementos suficientes para o julgamento".

Insta salientar que, apesar da expressa inclusão quanto à abrangência da extinção das obrigações do falido aos créditos de natureza trabalhista, a jurisprudência pátria não possui entendimento consolidado sobre o tema, reconhecendo que, por haver normatização própria no direito do trabalho acerca da prescrição intercorrente, não haveria a sua

27. BEZERRA FILHO, op. cit., p. 523.

aplicação às obrigações trabalhistas[28], bem como o encerramento da falência e extinção das obrigações do falido possibilitaria o redirecionamento da execução aos sócios da empresa falida[29].

Ainda, houve a previsão de que a sentença de extinção somente poderá ser rescindida por ação rescisória, nos casos em que seja verificado que o falido tenha sonegado bens, direitos ou rendimentos de qualquer espécie anteriores à data do requerimento, com a expressão previsão de que o direito à rescisão extingue-se no prazo de 2 (dois) anos, contado da data do trânsito em julgado da sentença[30].

Nesse sentido, Manoel Justino Bezerra Filho[31], alerta que "o presente artigo soa dúbio, pois ao mesmo tempo em que determina que a ação rescisória caberá na forma prevista no CPC, logo em seguida limita as hipóteses a apenas uma, ou seja, em caso de sonegação de bens".

3. CONCLUSÃO

Desta forma, é possível concluir que a Lei 14.112/2020, de fato, se mostrou como um marco importante na insolvência brasileira, trazendo inovações importantes para os processos de falência, especialmente quanto aos dispositivos que tratam da extinção das obrigações do falido.

Como exposto neste artigo, a extinção das obrigações do falido possui grande relevância para o empresário cuja falência foi decretada, haja vista se tratar da ferramenta necessária para que haja a sua reabilitação para o desenvolvimento das atividades empresariais.

No entanto, culturalmente em nosso país a insolvência possui uma conotação pejorativa, de forma que empresário falido passa a carregar a pecha de mau pagador, mesmo nos casos em que a falência não tenha sido ocasionada de maneira intencional ou com o intuito fraudulento.

28. ARTIGO 158 DA Lei 11.101/2005. Extinção da execução. O disposto no artigo 158, inciso III, da Lei 11.101/2005, que prevê a prescrição e a consequente extinção das obrigações do falido após o decurso do prazo de cinco anos, contado do encerramento da falência, não se aplica ao crédito de natureza trabalhista diante da existência de regra específica acerca da prescrição intercorrente e das modalidades de extinção das obrigações trabalhistas. (TRT-4 – AP: 01415004819955040372, Data de Julgamento: 10.08.2021, Seção Especializada em Execução).

29. Agravo de petição. Competência da justiça do trabalho. Prosseguimento da execução após o encerramento do processo falimentar. Redirecionamento aos sócios. A sentença que extingue a obrigação do falido, com base artigo 158, inciso III, da Lei 11.101/2005, proferida pelo juízo falimentar, não extingue a execução trabalhista, nem obsta o redirecionamento da execução aos sócios da falida. Agravo de petição interposto pelo executado a que se nega provimento. (TRT da 4ª Região, Seção Especializada em Execução, 0044500-38.2002.5.04.0005 AP, julgado em 21.10.2020, Desembargador João Alfredo Borges Antunes de Miranda).

30. Art. 159-A. A sentença que declarar extintas as obrigações do falido, nos termos do art. 159 desta Lei, somente poderá ser rescindida por ação rescisória, na forma prevista na Lei 13.105, de 16 de março de 2015 (Código de Processo Civil), a pedido de qualquer credor, caso se verifique que o falido tenha sonegado bens, direitos ou rendimentos de qualquer espécie anteriores à data do requerimento a que se refere o art. 159 desta Lei.

Parágrafo único. O direito à rescisão de que trata o *caput* deste artigo extinguir-se-á no prazo de 2 (dois) anos, contado da data do trânsito em julgado da sentença de que trata o art. 159 desta Lei.

31. Ibidem, p. 524.

Destarte, é possível inferir que as alterações ocorridas na legislação falimentar pela Lei 14.112/2020, demonstram que o intuito do legislador para a falência não objetiva apenas a liquidação dos ativos e pagamento dos credores, abarcando possibilitar o rápido retorno do empresário falido ao mercado empresarial, porém, somente o tempo e a aplicação prática de tais inovações poderá demonstrar se o intuito do legislador de possibilitar um "novo começo" aos empresários falidos será, de fato, atingido.

4. REFERÊNCIAS

BEZERRA FILHO, Manoel Justino; SANTOS, Eronides A. Rodrigues dos, coautoria especial. *Lei de recuperação de empresas e falência*: Lei 11.101/2005: comentada artigo por artigo. 15. ed. REV., atual. e ampl. São Paulo: Thomson Reuters, 2021.

COELHO. Fábio Ulhoa. *Princípios do Direito Comercial*. São Paulo: Saraiva, 2012.

COELHO. Fábio Ulhoa. *Comentários à lei de falências e de recuperação de empresas*. 15. ed. São Paulo: Ed. RT, 2021.

SACRAMONE, Marcelo Barbosa. *Comentários à lei de recuperação de empresas e falência*. 2. ed. São Paulo: Saraiva Educação, 2021.

ANOTAÇÕES